「教師の関わり方」が
より深くわかる

# 算数授業スキル Q&A

## アドバンス

瀧ヶ平悠史

JN048290

明治図書

# はじめに

　Society5.0という新しい時代の幕開け，新型コロナウイルスの感染拡大。GIGA スクール構想による１人１台のPC やインターネット環境の拡充が後押しとなり，学校教育の姿は今後，大きく変わっていくでしょう。こうした中，世の中の教育に対する捉え方は，学校という場所に縛られることなく，ますます広がっていくことが予想されます。

　では今後，学校教育の内容がすべてオンラインコンテンツなど学校外のものに代替され，「学び舎」そのものの存在が必要なくなるのかと言えば，私はそうは思いません。

　むしろ，「学び舎」に人が集い，学びを深めていくことの価値は，より強調される時代になると考えるのです。

　未来では，AI 技術の発達により様々なものがロボット化され，人と人との直接的なコミュニケーションが今ほどは必要なくなるのかもしれません。しかし，そんな時代だからこそ，「人と人が直接会うことの価値」は，より高まっていくと考えるのです。

　もちろん，これからの学校教育では，オンライン授業や外部コンテンツによる学習などに代替可能な内容は，次々と「学び舎」の外に位置づくことになっていくでしょう。結果的に，「人と人が顔を突き合わせながら，リアルタイムに思いや考えを共感，共有し合うことでしか深められない学び」はより洗練され，高い価値を担保し，未来へと引

き継がれていくのです。

　このように考えたとき，私たち教師は，「自身の授業は，果たして学び舎でしか実現できない価値ある学びとなっているのか」という大きな「問い」に，真に向き合うべきときが来たと言えるのではないでしょうか。

　もし，「学び舎」における学びが，AI技術や様々なオンラインコンテンツによって代替可能なものしか提供することができないならば，「学び舎」という場所は，そして私たち教師は，その存在価値を失うからです。

　「学び舎」にしかできない価値ある授業。それは何よりも，良質な教材と教師の優れた指導技術でしか創り上げることはできません。それ自体は，今も昔も，そしてこれからも変わらない学校教育の不易なのです。

　本書は，今だからこそ未来に残していきたい，「『学び舎』にしかできない価値ある授業」を創るために欠かせない授業スキル（教師の関わり方）を，ベーシック，アドバンスの2冊で構成しています。

　この本を手に取った読者の皆様が，これをきっかけに，これからの時代の価値ある学びを共に創る担い手となっていただけたなら，これほどうれしいことはありません。

　そんな切なる思いを込め，本書を未来に残したいと思います。


2021年1月

瀧ヶ平悠史

# もくじ

# Contents

## 問題提示

## 自力解決

# Contents

## 板書

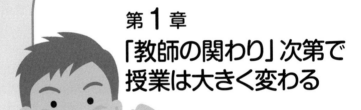

# 第 1 章
# 「教師の関わり」次第で
# 授業は大きく変わる

# 1 「教材」と「教師の関わり」は両輪

　この本の中では，授業中の即時的な教師の発問や子ども
の考えの取り上げ方，提示物の見せ方，子どもへの声かけ
などに関わる授業スキルを「教師の関わり（方）」という
言葉で表現しています。

　授業とは，「教材」と「教師の関わり」が両輪となって
展開されていくものです。つまり，どちらか一方だけでは
授業は成り立たないのです。

　算数の内容とは直接関係のない「教師の関わり」は，し
ばしば小手先の技術として軽視されます。

　確かに，算数の学びの本質は，その教材の中にあります。
とはいえ，「著名な先生の教材が記載された書籍などを基
に自身の学級でもその授業に取り組んでみたところ，大失
敗をした…」といったことは，多くの先生方もこれまでに
経験されたことがあるのではないでしょうか。

　これは，どんなに教材自体がすばらしいものであったと
しても，それだけで授業を再現することは難しいというこ
とを意味します。

　つまり，**目の前の子どもの姿に合わせて即時的に展開し
ていく「教師の関わり」がなければ，授業は成立しないと
いうこと**なのです。

# 2 「教師の関わり」は料理人の腕

例えば，みなさんの目の前に，世界で一番おいしいインドカレーのレシピがあると想像してください。これを，我が家の子どもたちにつくってあげようというとき，果たしてそのレシピ通りにつくることが，必ずよい結果をもたらすでしょうか。

恐らく，そんなことはないはずです。

日本人好みに，しかも，子どもでも食べられるように調味料の量や種類を変えて味つけをアレンジしたり，食材の切り方や種類，加熱時間を変更したりするかもしれません。一流の料理人なら，そのときに手に入った食材の状態に合わせて，調理方法を微調整することもあるでしょう。

つまり，どんなにすばらしいと言われる世界一の料理（授業）のレシピ（教材）があったとしても，その調理の仕方（教師の関わり）次第で，料理はおいしくもまずくもなるということです。


本書では，多くの「教師の関わり」の具体的な「方法」を，「目的（何のために）」とともに紹介しています。

気をつけていただきたいのは，この「目的」が欠け落ちると，「方法」は単なる小手先の技として独り歩きを始めるということです。そうなれば，本質的な算数の学びには到底たどり着くことができません。

教師としての授業スキルをたくさん身につけ，それを連発することで授業の"見栄え"はよくなったとしても，それだけで子どもたちの学びが深まることはないのです。

　大切なのは，**今，何のためにどのような方法を使う必要があるのかという目的を明らかにすることです。そして，目の前の子どもたちの姿をよく捉えたうえで関わっていくこと**なのです。

# 3　万能な唯一の方法は存在しない

　「教師の関わり」の中に，「この方法を使えば100点の授業ができる」といったような万能なものは１つもありません。

　授業の導入，子どもが個別に解決している時間，全体での交流，まとめの時間など，**そのときそのときの授業の様相に合わせ，いくつもの方法を目的に照らして組み合わせて，はじめて有効なものになっていきます。**

　本書では，読者の皆様が理解しやすいように，このような授業の様相（これは授業の展開順序を意味するものではありません）ごとに分けて，「教師の関わり」を示しています。

　これらを実際に授業の中に取り入れていく際は，前述のように，目的と子どもたちの実態に照らしながら組み合わ

せ，授業を展開していっていただければと思います。

　また，「教師の関わり」には，当然ながら，すぐにでも取り入れることができるものと，使いこなすためには少し慣れが必要なものがあります。

　そこで，本シリーズでは「ベーシック」編と「アドバンス」編という２冊で，大きく２つの難易度に分けてその内容を示していくこととしました。

　ご自身の教師としての経験や現在の指導技術，そして，授業をするうえでの悩みに合わせて参考にしていただければと思います。

# 4 「教師の関わり」で教材と子どもを近づける

　本書「アドバンス」編では，子どもが学びをより深めていくうえで欠かせない「教師の関わり」について整理しました。

　本書の構成としては，これらを授業の様相（「問題提示」「自力解決」「全体交流」「まとめ」）に分けて示しています。その他，即時的なものではないものの，授業展開に大きく影響を与える「ノート」「板書」についても扱っています。

　また，授業の様相に関わらず，学びを深化させていくうえで重要な技術やマインドセットを，「集団で学びを深めるための基本」として冒頭に示しました。

授業とは奥深いものですから，もちろん，ここに載せたものが「教師の関わり」のすべてではありません。

　しかし，本書にあげる方法と目的（なぜ，こうした関わりが重要なのか，何のために必要なのか）をしっかりと理解することで，基本的な算数の授業力は格段に上がると考えています。表面的に方法だけをさらうのではなく，ぜひ，その**「教師の関わり」の奥にある授業観**を受け取っていただければ幸いです。

　また，ご自身の授業への取り入れ方として，細かな発問の仕方まで一字一句真似るようなアプローチはおすすめしません。ご自身の学級の文化に合わせて，少しずつマイナーチェンジして実践していただければと思います。

　みなさんが受け持っている学級の子ども一人ひとりを一番理解しているのは，担任である先生ご自身です。

　本書で紹介する「教師の関わり」を，目の前の子どもたちに対してどのように使っていくべきか，必ず一度考え，判断する「間」を取っていただきたいのです。

　ちなみに，私自身も本書で紹介する方法のすべてを，いつでも，受け持った学級で行っているわけではありません。

　子どもたちの実態に合わせ，適宜取り入れていっているのです。

## 「教師の関わり」とは，教材と子どもの距離を近づける

<u>営み</u>です。

　だからこそ，どんなときも子どもたちの姿から目を離してはいけないのです。

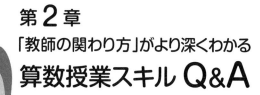

第 2 章
「教師の関わり方」がより深くわかる
算数授業スキル Q&A

どうすれば，教師中心ではなく，子ども中心の学びをつくることができますか？

　楽しい授業，子どもが夢中になるような授業をしたいと思っていますが，どうしても，教師ばかりが解説する授業になってしまいます。

　算数の授業では，教えなくてはならないこともあるので，いつでも楽しい算数ゲームばかりをやっているわけにはいきません。

　特に，高学年の内容は難しくて量もあり，どうしてもこちらから説明して伝えることが多くなってしまいます。

　とはいえ，そうした授業を繰り返していると，子どもたちは次第に自分の意見を言わなくなっていきます。

　どうすれば，教師中心ではなく，子ども中心の学びをつくっていくことができるのでしょうか？

「授ける」から「引き出す」に授業観を変えてみよう！

A

# 1 授業づくりに直結する子ども観

## ❶教師の仕事とは

　みなさんは，教師という仕事をどのように捉えているでしょうか。恐らく，教員でない一般の方々は「学習内容をわかりやすく教える仕事」とか，「社会で必要な集団生活の仕方を教える仕事」といったイメージをもたれていることが多いのではないかと思います。

　こうしたイメージが完全に間違っているとは言いませんが，私が捉えているものとは少し違っています。

　私は常々，**教師とは「子どもの力を引き出す」仕事**だと考えています。もう少し難しい言葉で言えば，**子どもの中に備わっている能力を顕在化，意識化させていく仕事**だと考えているのです。

　前者の一般的なイメージと後者の私の捉え方は似て非な

るものです。

　どちらも，最終的に子どもを自立した一人の人間として育てていきたいという願いは同じです。しかし，両者はそのアプローチの仕方が異なっています。

　前者は，子どもに備わっていないものを授けていくという立場になりますが，後者は，子どもがそもそももっているものを引き出していこうという立場です。

## ❷立場の違いで授業も変わる

　こうした教師という仕事に対する捉え方の違いは，子ども観の違いによって生まれてくるものです。子どもという存在を「はじめは何ももっていない真っ白な存在」だと捉えていれば，当然，必要なことを授けていくべきだという考え方に行き着きます。

　一方で，子どもは「もともと様々な力を潜在的にもっている存在」だと捉える立場に立てば，これを引き出して，子ども自身が意識できるようにしていこうとなるわけです。

こうした子ども観の違いによる教師のスタンスの違いが，授業づくりに大きな影響を与えることになります。

子どもに寄り添った，子ども中心の学びを実現するには，前提として**「子どもはあらゆる可能性をもっている」「潜在的にたくさんの力をもっている」といった立場に立つことが不可欠**だと私は考えています。

子どもがもっている力を引き出そうと考えるからこそ，子どもの言葉に耳を傾け，寄り添い，共に考える授業をつくり上げることができるわけです。

「子どもは何もわからない存在なのだから，いろいろと教えてやらねばならぬ」という立場に立っていては，どんなに小手先の指導技術を使おうとも，結局は教師中心の授業にしかなり得ないのです。

かく言う私も，若いころは，何でも「子どもに教えてやろう，授けてやろう」という教師でした。

当然，授業は教師中心です。時には子どもに対して怒鳴り声を上げ，恐怖で言いなりになる子どもの姿を見ては，自分に指導力があると思い込んでいたものです。

# 2 小手先の指導技術より大切なもの

### ❶子ども観の違いによる，発問の違い

では，「授ける」と「引き出す」の違いによって，授業ではどのような違いが生まれてくるのでしょうか。その具

体を見ていきたいと思います。

　例えば「発問」です。授業の中である子どもが誤った考え方を発表したとしましょう。このとき，みなさんならどのように関わるでしょうか。

　「授ける」という立場であれば，その間違いをすぐに教師自身が修正するかもしれません。もしくは，「〇〇君の考え方はどうかな？　どこかおかしなところはないかな？」と発問するかもしれません。

　一方で，子どもたちが自分たちでその考え方の間違いに気づき，その問題点を明らかにしていくことができると考えていれば，次のような発問になるでしょう。

　**「なるほど。〇〇君の考え方はすごくいいですね。先生も，これで合っていると思います」**

　こうした発問は，子どもの力を信じていなければできません。

　ちなみに，私の学級では上記のような発問をすると，必ずだれかが「えっ，ちょっと待ってください。それだとおかしいと思います！」と，即座に突っ込んできます。

　そして，「確かにおかしい！」と，たちまちその輪は広がっていくのです。

　こうした声に対して私はどうするかというと，

　**「そんなことないでしょ？　〇〇君の考えで先生は十分に納得したよ」**

と，あえて反論していくのです。これは，子どもたちが自分たちで問題点を明らかにして，それを修正していくこと

ができると信じているからです。その力が子どもにはあると考えているからこそ，「力を引き出す」という仕事に徹するのです。

　教師が子どものことを信じていない学級では，子どもはものを言わなくなっていきます。教師が自分たちの力を信じていないことを，子どもはしっかりと見抜いているのです。

　そうした学級では，子どもは自分の意見を言う必要がないと思っています。**どうせ最後には，先生が解説するとわかっているから**です。

　教師の子ども観の違いは，子どもたちに確実に伝わっているものなのです。

## ❷マインドセット＞小手先の指導技術

　子どもから「力を引き出す」というスタンスで授業を展

開すると，発問以外にも様々な関わりが変化してきます。

　私は，自力解決中に困っている子がいるからといってヒントカードを出すことはありません。直接ヒントを出さなくても，全体で話し合う中で困っている子どもの悩みを取り上げれば，それについてみんなで話し合っていくことができると考えているからです。

　また，子どもが使う教具を何から何まで丁寧に用意することもありません。子どもが自分の力で準備したり，必要なものをつくったりする力があると考えているからです。

　子どもから「力を引き出す」といった捉え方は，具体的な指導技術ではなく，いわゆる教師の「マインドセット」と言えるものです。

　しかし，どんな方法よりもこの「マインドセット」，つまり，教師としてどんな「構え」をもっているのかが，授業の質を大きく変えていくうえで最も重要なものなのです。

　**小手先の方法では，限定的で短期間の変化しか子どもには起こりません。**

　一方で，「力を引き出す」というマインドセットをもって授業づくりに臨むことは，授業の構成の仕方，授業での関わり方，すべてに大きな影響を与えていくのです。

**❸手法は目的とセットで捉える**

　本書では，これからたくさんの「手法」を，その「目的」とともにご紹介していきます。

はじめにお伝えしておきたいのは，それらの**手法を手続きとして使うことはできますが，それだけでは大きな効果は得られない**ということです。

　もちろん，一時的な影響は子どもに見られるかもしれません。しかし，それでは長続きしないのです。


　恐らく，これまでも様々なハウ・ツー本を買って試したけれどうまくいかなかったという経験をされた方は多いと思います。

　それは，手法だけを取り出して身につけようとしたからです。**手法は，目の前の子どもに合わせた目的とセットでない限り，絶対に機能しない**のです。

　そして，目的の裏には，必ず教師としての大切なマインドセットが存在します。これがなければ，手法は単なる使えない道具で終わってしまいます。


　ぜひ，本書では目的の部分を読み飛ばさず，それとともに様々な手法を参考にしていただければと思います。

　そして，なぜ，そうした目的が生まれてきたのか，その奥にある授業観や子ども観を受け取っていただければ幸いです。

どうすれば，どの子も発言し
やすい授業になりますか？

　新しい学級を受け持ったのですが，子どもたちがあまり
積極的に発言をしません。

　どうやら，間違えるのが怖くて手をあげられない子が多
くいるようです。

　こうした子どもたちの気持ちが変化するようにと，「授
業では，たくさん間違えてもいいんだよ」「失敗を恐れて
はいけないよ」と，ことあるごとに声をかけていますが，
思うような姿にはつながっていません。

　どうすれば，どの子も発表することを怖がらずに自分の
思いを表現し，互いに学び合うような授業をつくっていく
ことができるのでしょうか？

「は・か・せ」至上主義を止めよう！

**A**

# 1 何のために表現することを大切にするか

## ❶表現することへの抵抗感を下げる

「子どもが自分の考えをあまり発表しない」

こうした子どもの様子に悩んでいる先生方は，きっとたくさんいらっしゃると思います。

発達段階によっても大きく違いますが，年齢が上がるにつれて，そうした子どもの姿は多く見られるようです。

高学年くらいの子どもになると，自分と他人とを比較するようになり，日常生活で間違えることに対するリスクを経験してきています。ですから，自分の考えを伝えていくことに強い抵抗感をもつというのは，ある意味，当然と言えば当然の話です。

私は，新しく受け持った学級の子どもたちが控えめで遠慮がちである場合，あらゆる手立てを使って，自分の思い

を表現することへの抵抗感を引き下げることを試みます。

　経験上，１か月近くは我慢の時間が続きますが，教師の関わり方を変えれば，少しずつですが，子どもたちは確実に変化していきます。たとえ，どんな子どもたちであってもです。


**❷２つの前提**

　まず，子どもたちに積極的に働きかけていく前に，２つのことを前提として押さえておきましょう。

　１つめは，**子どもたちにはそれぞれの特性がある**ということです。そうした子ども一人ひとりの特性は尊重されるべきです。「発表できるからすばらしい子」といった捉え方ではなく，**子ども自身が学びを深めたり，楽しんだりするために，表現する姿を大切にしていくことが重要**です。

　２つめは，**表現力とは発表回数で評価されるものではない**ということです。大切なことは，自分の思いや考えを表現することを通して他者と学びを深めることができているかどうかです。**「回数」ではなく「質」に目を向ける必要がある**のです。


# 2 「は・か・せ」至上主義からの脱却

**❶「は・か・せ」至上主義がもたらすもの**

　「表現すること」をためらう子どもの抵抗感は，何より

も「間違うこと」へのリスクから来ています。一種の自己防衛反応であると考えてよいでしょう。

　試しに，休み時間の子どもたちの姿を見てみてください。授業中に発表しない子のほとんどが，自分の思いを積極的に表現しているはずです。これは，休み時間というのは間違えることのリスクが低いと子どもが捉えているからです。

　特に算数というのは「正解」「不正解」が明確になりやすい教科ですから，発表するときのハードルは他教科に比べても高いと言えるでしょう。

　そこで，子どもへの関わりで一番に教師が意識したいことは，「は・か・せ」至上主義を止めるということです。

　算数と言えば「は｜やくて，か｜んたんで，せ｜いかく（正確）な方法」を大切にするものだと教えられてきた方がいると思います。しかし，これを授業の中での一番の価値にすると，算数の学びの楽しさは失われていくことになります。

　「は・か・せ」は，数学的には大切なことの１つではありますが，**算数を学ぶ過程での一番の価値ではありません。**「は・か・せ」至上主義に陥れば，最も効率的で汎用的で正確な方法だけに価値が置かれ，授業自体が正解，効率主義につながっていくのです。

　また，こうした「は・か・せ」至上主義で授業を進めていくと，いわゆる「先行知識組」と言われる，先に結果や方法を知っている子どもたちばかりが活躍する授業になっていきます。

結果的に他の子どもたちは,「もしかしたら,間違っているかもしれない…」「これが,一番いい方法なのかどうかはわからないけれど…」「どうして,こうなるのかな…」といった思いを,積極的に表現することができなくなっていくのです。

**❷どのようにして,発言しにくい環境が生まれるか**

　ですから,算数の学びの過程では,「は・か・せ」に該当しない考え方や,誤答も大切にしていく必要があります。

　例えば,7＋8という計算の仕方を1年生の子どもたちと一緒に考えたとしましょう。

　これは基本的に,（7＋3）＋5と考えたり,5＋（2＋8）と考えたりするのが一般的なセオリーです。それまでの学習で散々使ってきている考え方ですから,こうした方法を取る子どもが多くいるわけです。

　しかし,中には7を2と5,8を3と5に分けて,（5＋5）＋（2＋3）と考える子どもも出てきます。

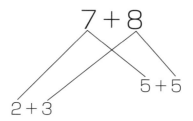

　この考え方は,確かに効率はあまりよくありません。
　これが,「は・か・せ」を一番の価値に置いた授業で扱

ったならどうなるでしょうか。

　もしかすると，「なるほどね」「こういう方法もあるね」と流されてしまうかもしれません。はたまた，「たす数かたされる数のどちらかを分ける方が，簡単で速い方法だね」と，その価値を低く捉えられてしまうかもしれません。

　こうした展開の授業では，「他人とは違う考え」や「間違いかもしれない考え」「疑問」を表現することはとてもリスクが高くなります。

　つまり，教師が求めている「は・か・せ」に当てはまり，正解が見えている考え以外の意見をもっている子どもは，発言しにくい雰囲気が生まれてしまうのです。

### ❸「は・か・せ」ではない考え方にも価値がある

　実際には，（5＋5）＋（2＋3）という考え方は，とても価値がある考え方だと私は捉えています。7と8それぞれの中から5と5の同数を抽出して10をつくるというのは数の見方として大変すばらしいものですし，7＋8が5＋5＋5という同数の累加の形へと美しく変形されていることにも算数的にとても価値があります。

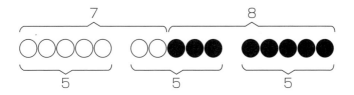

　こうした考えに価値が置かれることで，ある数を同数の

和で見るような見方がはぐくまれていくのです。

　ですから，この考え方が子どもから出てきたなら，

　**「おもしろい考え方だね。みんなは，どうして〇〇さん**
**が7を2と5，8を3と5に分けようと思ったか，その気**
**持ちがわかるかな？」**

と，全体に問いかけていくべきなのです。

　「5と5で10になるからだ！」

　「2と3でも，また5ができるね」

　「5が3つになっていて，おもしろいよ」

　このような言葉を子どもから引き出し，それを価値づけ
ていくのです。そうすることで，「ものの見方や考え方自
体にとても価値があるのだ」という価値観が，学級全体に
広がっていくのです。


❹子どもの表現をすべて大切にする

　こうした見方や考え方は，時には小さなつぶやきや表情，
ノートなどで表れてくる場合もあります。

表現とは，決して言葉で発表することだけではないからです。

　ですから，子どもから表出するすべての表現を大切に扱い，「は・か・せ」だけに偏ることなく，その思いを取り上げていくのです。

　すると，「先生は私の思いを取り上げてくれるんだ」「僕の疑問が，学級全体での話題になった！」といった思いが子どもの中に広がっていきます。

　こうして，子どもたちは「自分の思いを表現すること」に，価値を感じていくようになるのです。そして，それを次第に楽しむようにもなっていくのです。

> どうすれば，子どもがより深く追究する授業にステップアップできますか？

　授業中に発言している子どもたちの姿を見ると，そのほとんどが授業で扱っている内容を先行的に学習している子どもばかりです。

　自信があるからか，そうした子どもたちは意欲的に発表をします。しかし，正解が明らかになると，急にやる気がなくなり，集中力が切れてしまいます。

　一方で，他の子どもたちは，授業に対してとても受け身で，自らの考えを伝えようとする姿勢があまり見られません。

　どのような関わりをすれば，子どもたちの意欲を最後まで継続させ，より深く追究する子どもの姿を引き出す授業を実現することができるのでしょうか？

４つの焦点化を意識し，「授業ＭＶＰ」を決めてみよう！

# 1 何に焦点化して授業をつくるか

## ❶子どもにとって算数の学習とは

算数の学習では，答えが１つに決まる場面や，唯一の正解を明らかにするような問題を扱う場面が多くあります。

これが必ずしも悪いわけではないのですが，こうした教材ばかりを扱うことは，**「算数の学習というのは，いつでも正解が１つあるもの，正しい答えを見つけることが一番の目的」といった概念を子どもたち植えつけてしまう危険性**があります。

結果的に，自分で答えを見つけられないことで算数を嫌いになってしまったり，間違いを極端に恐れたりするような子どもが現れるわけです。

こうした状況を改善するには，もちろん教材を工夫していくことが大きな解決策にはなります。しかし，「教師の

関わり方」もまた，重要な役割を果たすのです。本書では，そうした「教師の関わり方」について，具体的に考えていきたいと思います。

### ❷４つの焦点化

具体的には，授業の中で焦点化する対象を「何が答えか」についてではなく，次の４点に絞り込んでいくことが大切になります。

---

①何が問題点なのか

②なぜそのような解決方法を取ろうと思ったのか

③その解決方法はどこに目をつけて考えたものか

④なぜその目のつけ方は誤り，もしくは正しいのか

---

これを，具体的な授業場面で見ると，次のようになります。下記の例では，２つの学年の授業で出てきた代表的な考え方について，①〜④に当てはめてどのように焦点化すべきかを記しています。

### ○第２学年「水のかさ」の dL の導入

２つの容器に入った水の量の違いを，L マスを使って測定する場面。入っている水の量が L マスでは測ることができない半端な量であることが明らかとなり，「L よりも小さい単位（目盛り）を用いればよい」という考え方が子どもから出された場合。

①Ｌマスでは，正確に測れないことが問題点

②もっと小さな単位で目盛りが書かれていれば，水の量を正確に測ることができると考えた

③単位の大きさに目をつけた

④小さい単位を用いることで，半端な量を目盛りちょうどのところで読み取ることができるようになるから正しい

　この授業では，半端な量を正確に表すことができない場合，「単位の大きさ」に着目してさらに小さな単位を見いだしていくことが有効であることが明らかになります。

## ○第６学年「比」

　「くじ」を扱った実践。あたりとはずれが３：５になるようなくじを全部で120枚つくる場面。このとき，あたりくじを何枚つくればよいのかを考える問題で，３：５＝$x$：120という誤った考え方が出てきた場合。

①120枚に対応する割合は３なのか５なのかが問題点

②５の方が大きい割合を示していることから，これが120枚の割合だと考えた

③割合を表す数値の大きさに目をつけた

④５はくじの中の「はずれ」の枚数の割合を表しており，120枚は全体の枚数だから誤り

この授業では，割合と実際の枚数を対応させる場合，
「大きさ」に着目して判断することは適切ではなく，全体
と部分の関係に着目して整理していくことが重要であるこ
とが明らかになるでしょう。

　どんな理由で，どこに着目して考えてきたのかを明らか
にすることで，「どうして今回の場合は，大きさに着目し
て考えていくことが不適切なのか」といった重要な部分が
浮き彫りになるのです。

# 2　算数の学びで何を大切にするべきかを伝える

### ❶働かせた見方・考え方に光を当てる

　このように，前述した4点に焦点化した授業を展開する
と，授業で話題になることの中心が「答え」ではなく，
**「どんな理由でどこに目をつけてどのように考えたのか」**
になっていることがおわかりいただけるでしょうか。

　先に示した2つの事例ではどちらも，どんな場合にどの
ような見方・考え方を働かせることが有効であったのかが
明らかにされています。

　このように考えれば，「比」の授業例のように，たとえ
誤った考え方だとしても，前述の4点に焦点化して扱うこ
とは大変重要であることがおわかりいただけるのではない
でしょうか。

　もちろん，正しい答えを出すことに意味がないわけでは

ありません。

　それ以上に，**算数の学びでは，子どもたちが考えてきた**
**プロセス，そこで働かせた見方・考え方にこそ価値がある**
ということなのです。

## ❷「学び観」の変革

　このように授業の中でどこに焦点化していくのかという
ことは，先生方の「授業観」そのものに関わることです。

　一方，子どもの立場で考えれば，「学び観」に関わる大
きな問題になるはずです。

　正しい答えにたどり着くことが算数の学びの一番の目的
ではなく，**その過程にある見方・考え方が大切であること**
**に子どもが価値を感じるようになれば，子どもの学ぶ姿勢**
**も大きく変わります**。たとえ自分の考え方に自信がなくと
も，それを通して学ぶことの価値を理解していれば，恐れ

ることなく自分の考えを表現していくことができるように
なるのです。

　最後に，こうした子どもの姿を加速させるための，ちょ
っとしたコツをご紹介したいと思います。

　それが，「授業 MVP を決める」という手立てです。

　これは，その１時間の学びに最も影響を与えた人を表彰
するというものです。

　一番はじめは，教師が表彰される人を決めます。このと
き，「２回目からは，みんなで決めてもらうよ」と，あら
かじめ伝えておくとよいでしょう。

　表彰するということは，子どもに価値を伝えることです。

　ですから，ここでは誤答や，遠回りの考え方を出した子
をあえて MVP として選ぶのです。そして，大切なこと
はその理由をしっかりと伝えることです。

　「みなさんは，今日の授業が深まったのは，だれの考え
方がきっかけになっていたかわかりますか？　先生は〇〇
君が出してくれた考え方だと思います。この考え方は，目
のつけどころがとてもいいと思うのです。なぜなら…」

　このように，具体的に授業を振り返りながら，誤答や遠
回りの考え方を出した子の目のつけ方のよさや，それがき
っかけとなり，どんなことが明らかになって学びが深まっ
たのかを伝えていくのです。

　そして最後に，

　「人と違う考え方を出すのって，はじめは勇気がいるよ
ね。でも，それを〇〇君は堂々と伝え，納得するまで話し

合っていました。この姿は，今日の MVP にふさわしいと思います」
と，子どもたちに伝えていきます。

　こうした価値を伝えるには，当然，授業の中で誤答や遠回りの考え方について手厚く扱っていなければ説得力がありません。
　つまり，**MVP で「学ぶ価値」を子どもに伝えるためには，教師自身も授業を変えていくことが必要になる**のです。

### ❸自分たちでMVPを決める

　このように，初回に学びの価値を子どもたちに伝えることができれば，2回目からは子どもたち自身で MVP を決められるようになります。
　このとき，選んだ理由を必ず子どもたちに問うようにしましょう。そこでだれかの見方や考え方に注目した理由を述べていたなら，これを大いに価値づけていくことが大切です。
　こうした関わりにより，教師が伝えたい学びの価値というものは，子どもたちにしっかりと浸透していくのです。

どうすれば，多様な子どもの発言を生かして授業を展開することができますか？

　できるだけたくさん子どもが発言したくなるような授業をつくろうと心がけています。

　ところが，いざ実際に多くの発言が子どもたちから出てくると，それに対してどのように切り返せばよいのか戸惑ってしまい，うまく発問したり整理したりできないことがよくあります。

　結局，子どもが出した意見を十分に授業に生かすことができていません。

　どうすれば，子ども一人ひとりの発言を授業展開に生かし，学びを深めていくことができるような授業をつくることができるのでしょうか？

子どもの言葉をそのまま問い返し，他の子どもたちに解釈させてみよう！

# 1 想定外の子どもの発言への対応

## ❶すべての発言を事前に予想することは不可能

たくさんの子どもが手をあげ，自分なりの考えを意欲的に発表する姿が見られるということは，それだけ多くの子が主体的に学ぶ授業になっているということです。

一方で，多くの発言が出てくる状況では，それを生かしてどのように授業をコーディネートしていくかといった，教師の力量が問われることになります。

ですから，授業づくりの段階で，子どもがどのようなことを考えそうなのか，どんな発言をしそうなのかをある程度予想しておくことはとても重要です。

しかし，**すべての発言を事前に予想することは難しいこと**です。どんなに考え抜いていたとしても，想定外の発言というのは必ず子どもから出てくるものだからです。

## ❷子どもの言葉をそのまま問い返す

　特に，若い先生方の様子を見ていると，こうした状況が授業を進めるうえでの１つの悩みになっていることがあるようです。もちろん，ベテランの先生方であっても，同様の悩みをおもちの方は少なくありません。

　事前に準備できない，即応力が求められる教師の関わりというのは，それだけ難しいものなのです。

　ちなみに，私も若いころはそうした悩みをもった教師の一人でした。

　そして，それを解決しようと試行錯誤してきた結果，最終的には１つのシンプルな結論に至りました。

　私が意識していることは，たった１つです。

　それは，**「子どもから出てきた言葉を，できるだけそのままの言葉で学級全体に問い返す」**ということです。


## 2　どんな場面でどのように問い返すのか

## ❶「問い返し発問」の実際

　「問い返し発問」については，筑波大学附属小学校の盛山隆雄先生が研究し，整理されていますが，これは子どもの発言を授業に生かしていくことができる，大変有効な手立ての１つだと私は考えています。

　大切なポイントは，前述のように，子どもの言葉をできる限りそのまま学級全体に問い返すことです。

第6学年「場合の数」の実践を例に説明します。

> 　3までの整数のカードを並べて2けたの整数をつくります。2桁の整数のつくり方は全部で何通りありますか。

　この授業の導入では，このような問題を提示しました。ただし，この段階で数カードはまだ提示していません。

　すると，A君がこう言いました。

　「ということは，0は十の位に選べないってことですよね？」

　こうした発言が出てきたとき，次のように学級全体に向けて問い返していくのです。

　「0は十の位に選べないの？」

　このように「問い返し発問」をすると，A君の発言の意図を解釈したまわりの子どもが一斉に反応し始めます。

　「だって，もし最初に0を選んで，その次に1を選んだら01になるでしょ？　これは，2桁の整数ではないから，0のカードは選べないってこと」

　「01ということは，十の位に何もなくて一の位に1があるということ。これは1桁になるから，2桁としては認められないよ」

　「0を選ぶと，その後どれを選んでも絶対に1桁になってしまう」

　このように，A君の発言の意図についての説明が，他の

子どもたちから引き出されてくるのです。

こうした説明で，Ａ君の発言を解釈できていなかった子どもたちにも，しっかりとその意味が伝わっていきます。

つまり，**「問い返し発問」は，子ども一人ひとりの発言を，学級全体でしっかりと共有しながら話し合いを進めていくことができる，有用な手立てになる**ということです。

### ❷考え方の正誤関係なく全体に問い返す

私たち教師は，単なる指名をする司会者としているのではありません。

ただ指名を繰り返しているだけでは，子どもから出てきた一つひとつの発言の意味や，そこに包含されている価値を学級全体で十分に共有していくことはできないからです。

だからこそ，「問い返し発問」という１つの手法を身につけていることはとても重要なのです。

これにより，発言者の考えをまわりの子どもたちに解釈する場を意図的につくり出していくことができるからです。

このとき，**子どもの発言内容が合っているか間違えているかは基本的に関係ありません。**

　どんなに多様な考え方が出てきたとしても，やることはシンプルに「問い返す」だけです。

　子どもが「かけ算でやればいいんだよ」と言えば，「かけ算でやればいいの？」と，「10倍して考えればいいんだ！」と言えば「10倍すればいいの？」と，**発言をそのまま全体に問い返せばよい**のです。

　問い返す対象の考えが正しいものであれば，「なぜ，正しいと言えるのか」といった理由がまわりの子どもから引き出されてきます。

　誤った考え方であれば「それは違うよ。だってね…」と，子どもたちが自分たちで何が問題点なのかを明らかにしていく場が生まれるのです。

集団で学びを深めるための基本

どうすれば，文章問題の場面を捉える力を育てることができますか？

　文章問題を提示したとき，その内容を理解したり，場面をイメージしたりすることに時間がかかってしまう子どもがいます。

　そこで，イラストと一緒に提示したり，低学年であれば，問題場面を疑似的に体験させたりするなどの工夫を取り入れています。

　こうすることで，多くの子が問題に取りかかることができるのですが，いざ，テストになるとまったく対応できていないことがわかりました。結局，自分一人では文章問題の内容を解釈する力がついていないようです。

　どうすれば，子ども一人ひとりに，文章問題の場面を捉える力をはぐくむことができるのでしょうか？

自力解決を間に入れながら問題を提示してみよう！

**A**

# 1 文章問題はなぜ理解するのが難しいか

❶文章問題の読解力不足問題

　文章読解力に関して，最近では数学者の新井紀子さんが書かれた『AI vs. 教科書が読めない子どもたち』が話題になりましたが，算数の文章問題に対する読解力の低さは，近年，大きく取り上げられている問題の１つです。

　確かに，自分自身が子どものころを思い出してみても，長い文章問題が出てきたら，それだけで「うわっ，難しそう…」と，強い抵抗感をもったものです。

　最初から文章問題が得意だという子は，恐らく全体のごく一部しかいないでしょう。

　ただ，こうした文章の読解力に関する問題は，何も今に始まったわけではなく，教育の世界ではこれまでもずっと言われ続けてきたことです。また，保護者の方から寄せら

れる相談では，「算数の文章問題が苦手なようで…どのように家庭で指導していったらよいでしょうか」といった内容がとても多いと聞きます。

　では，そもそも算数の文章問題とは，どこにその難しさがあるのでしょうか。

## ❷言い換えの自由度が大きい日本語

　その大きな要因の１つだと考えられるのは，日本語の文法です。**日本語は同じ意味を表す文章であっても言葉の順番を様々に入れ替えることができる**のです。

　例えば，「りんごがお皿に５個あります」という一文があったとします。これを，もし英語で表現したなら，「There are 5 apples on the plate.」となりますが，日本語では，様々な言い変えができてしまうのです。

「りんごが５個，お皿にあります」「お皿に５個のりんごがあります」

「お皿にりんごが５個あります」

「５個のりんごがお皿にあります」「５個，お皿にりんごがあります」

　もちろん英語も言い換えは可能ですが，日本語はそれとは比較にならないほど言い換えの自由度が大きいのです。

　ですから，あまり多くの日本語に接していない小学生にとっては，上記のように言い換えた文をすべて同じ意味で

あると捉えていくことは，案外難しいことなのです。

　近年では，いわゆる AI 技術を使った翻訳機がその精度を急速に上げていますが，それでもまだまだ十分でないのには，こうした様々な言い換えができてしまう日本語の文法の難しさがあるのでしょう。

### ❸算数より国語の文章の方がわかりやすい

　こうした読解力の問題は，実は算数の学習場面でこそより顕著に表れます。以前，私が受けもっていた帰国子女の子は「国語より算数の文章の方が難しい」と言っていました。

　これは，算数で扱う問題文が，国語で扱われる文章などと違い，**前後の文脈がなく，切り取られた一場面の状況説明となっている**ことが影響していると考えられます。

　前後の文脈があれば，少し難解な文であっても，書かれている意味はある程度予想がつくものです。

　ところが，それがない算数の文章問題というのは，**「国語で読解力をつけておけば，いずれ読めるようになる」という単純なものではない**のです。

## 2　算数で文章読解力をはぐくむ

### ❶ざっくり読みと分析的な読み

　そうした難解な算数の文章問題を読解する力をつけるには，やはり，それに対応した指導が必要になります。

それが，**「一文ずつ分析的に読む」**という方法です。

なぜなら，算数の文章問題が苦手だという子の多くが，**文章全体をざっくりと一気に読んでいるから**です。

試しに，学級の子どもの様子を観察してみてください。問題文を読み始めるとざっと全体に目を通し，再度読み返すことなく式を書き始める子どもがほとんどのはずです。

「文章問題を読んでいる途中で図をかき，さらにその続きを読んで図にかき加えていく」といったことをしている子どもはほとんどいません。

つまり，多くの子どもは文章問題の一文一文を立ち止まりながら分析的に読み進めていないのです。これではいつまで経っても文章問題を読解する力は伸びていきません。

### ❷一文ごとに自力解決を取り入れる

そこで，一文ずつ分析的に読む方法を子どもたちに身につけさせていきましょう。

はじめのうちは，文章問題を各文に区切って提示していきます。そして，**一文を提示したならそこで一度提示を止め，間に自力解決の時間を取るようにしていく**のです。

> りんごがおさらに５こあります。そのうち３こたべました。りんごは，おさらにいくつのこっているでしょう。

例えば，こうした３文で構成された文章問題であれば，

3回の自力解決を間に入れていくということです。

　まずは一文目を提示。そこで各自で分析，その後全体で解釈の確認。二文目を提示…。

　前述の問題であれば，最初に「はじめの状態」を確認。その後，「状況の変化」を捉え，最後に「問われている中身」を理解する。こうした各文の解釈を丁寧に積み重ねることで，どんな文章問題であっても対応できる読解力を身につけさせることができるのです。

問題提示

りんごがお皿に5個あります。

今，りんごが全部で5個あるんだね。

そのうち3個食べました。

3個食べてなくなったってことかな？

　もちろん，この過程で絵や図を多用することは，その場面を解釈することの大きな助けとなります。ですから，積極的に活用させていくとよいでしょう。

　最終的に，子どもに立ち止まりながら読む習慣が身についてきたなら，文章問題を一気に提示していきます。

　そうすることで，だれがどれくらい分析的に読めるようになったのかが，よく見て取れるはずです。

どうすれば，授業の導入から対話的な学びを実現することができますか？

　授業をするうえで，「対話」を大切にして日々取り組んでいます。

　全体交流の場面では，もちろん友だちとの対話の時間を設定しているのですが，それだけでは十分でないと感じています。

　特に，問題を提示する場面では，どちらかと言うと教師が一方的に問題を提示して，それに対して子どもが受け身で取り組むところからのスタートになることがよくあります。

　どうすれば，問題提示の段階から対話を取り入れていくことができるのでしょうか？

子どもとコミュニケーションを取りながら問題を提示し，途中でペア交流を入れてみよう！

# 1 授業の導入でも「対話」を取り入れる

## ❶他者と共に学ぶ意義

　新しい学習指導要領になり，これまで以上に学習過程での対話が重視されました。

　他者から学んだり，他者を通して学んだりすることを，集団の学習ではとても大切にしているからです。

　私たち自身も，何かについて独りで学習するときよりも，学んだことを他人に伝えたり，疑問点について話し合ったりした方が，大きく理解が深まると感じた経験はあるのではないでしょうか。

　せっかく，独りではなくみんなで学んでいるのですから，こういった集団の特性を生かした活動は，ぜひ，大切にしていきたいものです。

### ❷対話自体を目的にしない

　ただ，気をつけたいのは，対話自体を学習の目的にはしないということです。このように，活動が目的になってしまうという状況は，授業づくりで一番陥りやすい失敗の1つです。**あくまで対話は学びを深めていく手段**であることを忘れないようにしましょう。

　対話をすることが目的なのではなく，学びを深めていくことが目的なのです。

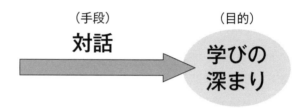

（手段）
**対話**

（目的）
**学びの
深まり**

　対話自体が目的になった場合，多くは「どういった形の対話を授業に取り入れるか」という発想につながっていきます。「こういう対話を取り入れたからいい授業だ」などといった議論は随分と乱暴です。

　あくまで，**子どもたちの学びの深まりに対話が有用であったのか，何のために対話を取り入れたことが，どのように子どもの学びにとってよかったのかを分析することが大切**なのです。

### ❸問題提示場面に対話は必要か

　そのうえで，授業の導入，いわゆる問題提示の場面でも対話が有効であるかを考えてみましょう。

結論から述べると，これは，大いに有効だと考えます。

そもそも，**問題文を解釈するプロセス自体が子どもにとっては大きな学びの１つ**です。どういった場面なのか，何が問題なのか，こういったことを分析していく力は，算数で育てたい力の１つです。

ですから，ここで他者との対話を取り入れることはとても重要です。もしかすると，他者との対話を通して，自分の問題の捉え方が違うことに気づくかもしれません。

私たちの大人の社会でも，他者と意見が食い違ったとき，元をたどっていくとそもそもはじめの問題の捉え方がズレていた，なんてことはよくあることなのです。

# 2 対話が問題場面の深い理解につながる

### ❶教師と子どもの対話

そこで，「問題提示段階での教師と子どものコミュニケーション，子ども同士のペア交流を積極的に取り入れていこう」というのが，ここでの提案です。

つまり，教師と子どもの対話，子どもと子どもの対話を取り入れることで，それを子どもが問題の解釈に生かしていけるようにするということです。

はじめは，問題を提示する際に教師が子どもと積極的にコミュニケーションを取るようにしましょう。

第５学年「単位量あたりの大きさ」の学習場面を例に具体的にご説明します。

「201号室は，６畳の部屋に８人います」

このような問題文を途中まで提示したなら，**少し待って，子どもたちから声が上がるのを待ちます**。

子どもからは，

「うわっ，すごい狭くない？」

「だよね。私の部屋も６畳だよ。そこに８人は結構厳しいなあ…」

などといった反応があるかもしれません。

子どもがこうしてつぶやくことに慣れていないうちは，

「みんな，こんな部屋に自分がいたらどうかな？」

などと，全体に投げかけるとよいでしょう。

繰り返しこうした関わりをしていけば，子どもたちはあっという間に，自分の思いや考えたことをつぶやくようになっていくはずです。

ここで，こうして出てきた子どものつぶやきを基に，教師も子どもとコミュニケーションを取っていきます。

「６畳に８人だと狭いの？　結構広いと思うけどなぁ」

このように教師がつぶやけば，

「絶対に狭いよ！　だって，一人１畳もないもん！」

といった発言が出てくるかもしれません。

**❷子どもと子どもの対話**

さらにここで，**子どもたち同士のペア交流も**取り入れて

いくとよいでしょう。

「えっ，今Bさんが一人に1畳もないって言っていたけど，どういうことなのかな？　ちょっと隣の人と話してみてごらん」

このようにペア交流を取り入れていけば，問題場面のイメージを学級全員がしっかりと理解し，それを共有していくことができます。

「一人に1畳もない」って，どういうことかな？

もし1つの畳に一人が立っていったら…

畳が割り当たらない人が出てしまうってことだよね。

ぜひ，こうした対話をご自身の学級でも授業の導入から取り入れてみてください。

子どもたちが意欲的に他者とコミュニケーションを取り，問題場面を深く理解していく姿が見られるようになるはずです。

どうすれば，自力解決にかかる一人ひとりの時間差を少なくできますか？

　子どもたちの理解スピードや先行学習量に違いがあるため，自力解決にかかる時間に大きな差が生まれてしまいます。

　解決に時間がかかる子どもがノートにまだ何も書き始めていないにもかかわらず，速い子どもたちはすでに問題を解き終わっていることもしばしば…。

　結局は，解決の速い子どもたちをしばらくの間待たせておくか，遅い子どもたちを置き去りにすることになってしまいます。

　どうすれば，解決の時間差を埋めて，全員が同じテンポで学びを進めていくような授業にすることができるのでしょうか？

自力解決のスパンを短くして，回数を増やしてみよう！

A

# 1 なぜ解決時間に差が生まれるのか

## ❶学習の目的

　問題を解決する速さは，子ども一人ひとりで大きく違います。これは，集団で学びをつくっていく際，どんな学級でも必ず起こることです。

　特に，塾などで先行的に学習している子どもたちは，習った「やり方」を素早く適用し，あっという間に問題を解き終えてしまうことがあります。

　まず，こうした解決の速い子どもたちへの対応として第一に考えたいのは，**自力解決の目的を「答えを出すこと」で終わらせないこと**です。

　「答えを出す」「正解する」ことが目的になれば，解法を適用して答えが出れば目的は達成されるため，子どもたちの追究意欲はそこで途切れてしまいます。

ですから，**自力解決の目的を「自分の考えをわかりやすくノートに表現すること」や「よりよい考え方を見いだすこと」にしていく**のです。

　この場合，答えが出たその先に目的がありますから，自力解決で答えが見つかったから終わりということにはなりません。自分の考えをわかりやすくノートに表現したり，さらによい考え方はないだろうかと追究したりする活動につながっていくのです。


## ❷解決の範囲

　では，反対に解決に時間がかかる子どもたちへの対応はどのように考えていけばよいのでしょうか。

　もちろん，解くのが遅いからといって，教師が教え込んだり，ヒントカードを渡したりするのでは，子どものためにはなりません。

　そこで，まず，解決の時間差が大きく生まれる要因について考えてみるのです。

　実は，時間差が生み出されてしまう最大の要因は**「個々に委ねられている解決の範囲」**にあります。

　個々に委ねられている解決の範囲とは，「一人で何をどこまでやるか」の範囲のことです。

　例えば，生活科や総合的な学習の時間では，それぞれの課題意識のもとで何時間にも渡って個々で探究し続けることがあります。

　もちろん，算数でもそういった学習をすることはありま

すが，普段の授業では多くてもせいぜい15分程度です。こ
れは，一人ひとりに委ねる解決の範囲を大きくし過ぎると，
算数の学習が成立しなくなることがあるからです。

　算数とは，一つひとつ論理を積み上げていく学びですか
ら，**最初の段階でつまずくと，それ以上は上に積み上げて
いくことが困難**になります。

　ですから，子どもたちの実態に合わせ，適度に解決の範
囲を設定していくことは，とても重要になるのです。

# 2　自力解決を短いスパンで設定する意味

### ❶自力解決と全体交流を繰り返す

　このような理由から，自力解決の範囲をどこまで取るか
は，授業のその後の展開を大きく左右することになります。

一般的に，その範囲を大きくすればするほど，自力解決後の授業展開は難しくなります。子どもたちの考えていることの差が，それだけ大きく開いてしまうからです。この差を全体交流で埋めるのは，容易なことではありません。

　ですから，解決の時間差が大きいという実態がある場合，解決の範囲を小さく設定し，自力解決のスパンを短くするとよいでしょう。そして，**その分，回数を多くする**のです。

　つまり，自力解決→全体で交流→自力解決→全体で交流…というように，短い自力解決と全体交流を交互に繰り返しながら，授業を展開していくというわけです。

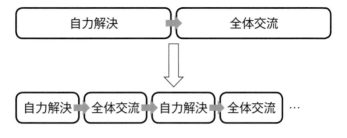

❷短いスパンの自力解決で，足並みをそろえていく

　例えば，次のような問題を提示したとします。

> 　A，B，C，Dさんの４人でリレーのチームをつくります。４人で走る順番の決め方は，全部で何通りあるでしょうか。

　子どもたちの実態によっては，このまますべての解決を

個に委ねてしまうという展開の仕方もあります。子どもた
ち一人ひとりに力がついてきている段階であれば，こうし
た展開の方が適しているでしょう。

　でも，このまま提示しても解決時間の差が大きくなり過
ぎてしまい，その後の交流が難しくなりそうだと判断した
なら，短く複数回に分けて自力解決を設定して授業を展開
していくのです。

　「４人で走る順番って，例えばどういうこと？」

　はじめにこのように問うて，一度自力解決の時間を取り
ます。ここでは，ごく短時間の設定でよいでしょう。

　短い自力解決の後，「例えば，Ｂ，Ｄ，Ａ，Ｃの順とか
があるよ！」といった発言を取り上げます。すると，それ
を聞いていた他の子どもからは，「他にもあるよ！」とい
った声が上がるはずです。

　そこで，

　「走る順番は，１通りではないの？　他にもあるようで
すね。では，もう一度考えてみましょう」
と，再び自力解決の時間を取っていきます。

　２度目の自力解決が始まると，今度は「２つ見つけた
よ！」「僕は３通り目！」といった子どもたちのつぶやき
が聞こえてきます。

　その後の全体交流ではこうした発言を取り上げ，いくつ
かの考え方を板書に位置づけていきます。

　このように，短いスパンの自力解決を設定していけば，

**一人では問題をどのように考えていけばよいかわからない**

子どもたちも見通しをもつことができます。

❸子どもに委ねる解決の範囲を少しずつ大きくしていく

　ここまでくると，子どもたちからは，「他にもまだまだある！」「今のところ，６通りまで見つけたよ」などといった声が上がります。そこで，

　「まだ，ありそうなの？　では，何通りあるのか，全部見つけられるかな？」

と，３度目の自力解決の時間を設定していきます。

　こうした段階を踏むと，どの子も解決に向けて考えることができ，解決の速さによる差も生まれにくくなります。

まだまだあるよ！

僕は６通りも見つけた！

 まだまだあるの？　全部見つけてみよう！

全部見つけたい！
何通りあるのかな？

このような手立ては，小ステップ過ぎることから，子どもの力をはぐくむことができないのではないかと考えられる先生がいらっしゃるかもしれません。

　もちろん，解決の範囲を大きく委ねられるのであれば，それに越したことはありません。

　しかし，子どもに十分な力が身についていない段階でそれをやってしまえば，ついていくことができない子どもを置き去りにすることになってしまいます。

　大切なことは，**子どもの実態に合った，適切な解決の範囲を設定していくこと**です。

　子どもをしっかりと見取り，その成長に合わせて，個に委ねる解決の範囲を少しずつ大きくしていけばよいのです。

> どうすれば，どの子にもちょうどよい自力解決の時間を設定できますか？

　自力解決のとき，どのくらいの時間を設定するべきかいつも悩んでしまいます。

　もちろん，学習内容や考える対象によってその時間が変わることはわかっているのですが，適切な時間設定をできているのか自信がありません。

　また，はじめは10分で自力解決の時間を設定したとしても，「まだできてない」という子どもの声を受けて，5分，10分…と延長していき，結局はダラダラと続けてしまうこともあります。

　どうすれば，どの子にとっても適切な自力解決の時間を設定することができるのでしょうか？

自力解決の時間を設定する基準を「子どもの思いや考え方」に変えてみよう！

# 1 何を基準に自力解決の時間を設定するのか

## ❶自力解決時間の長さ

　研究授業後の協議会で、「自力解決の時間の長さ」について、よかったとか悪かったといったことが話題に上がることはよくあります。

　こうした議論を聞いているとき、私はしばしば疑問に思うことがあります。それは、今見た授業の自力解決の時間について、みなさんはいったい何を基準にして「短い」「長い」と話をしているのだろうかということです。

　実際、自力解決の時間が長過ぎるといった批判では、「授業時間が足りなくなったから」という理由が最も多く聞かれます。逆に、短かったことに対する批判では、「○○君がまだ考えている途中だった」「みんなが解決できていなかった」という理由が聞かれます。

こうした基準で自力解決の設定時間の良し悪しを考えることは，本当に適切なのでしょうか。

**❷基準を見直す**

結論から言うと，私は違うと思っています。

まず，時間内に授業を終えることについては，単元全体の活動構成を踏まえて話すべき問題です。学習が時間内に終わることが必ずしも正しいわけではありません。どういった学びの質になったかということが協議会では議論されるべきことのはずです。

ですから，「時間内に授業が終わらないなら，自力解決を短くせよ」というのは，随分と乱暴な話なのです。

一方で，自力解決の時間設定において「全員が解決できているか」ということは，基準にはなり得ません。速い子は３分，時間のかかる子は延々とかかりますから，「全員が解決を終える」ことを求めるなら，どれだけあっても時間は足りません。

そもそも，**自力解決で全員が解決し終えられるものなら，その後の全体交流など必要ないはず**です。

# 2  基準を変える

**❶「子どもの思いや考え方」を基準にする**

では，自力解決の時間はどのような「基準」で設定して

いくことが適切なのでしょうか。

　私はいつも,「子どもの思いや考え方」を基準に,終える
タイミングを設定しています。

　「子どもの思いや考え方」を基準にするとは,例えば
**「こういった発想がだれか一人から出てきたら」**とか,**「こうした見方が5人くらい出てきたら」「算数の苦手なE君が,"ここがわからない"という思いを明確にもったら」**
といったことです。

　もちろん,上記のような例だけではないのですが,いずれにせよ,子どもの何らかの「思いや考え方」を基準にして自力解決を終えるタイミングを決めているのです。

自力
解決

　ですから,私はどんなときであっても,自力解決の前に
タイマーで時間を設定することはありません。私が考えて
いる基準はあくまで子どもの姿ですから,それが何分後に
表れるのかは,やってみなければわからないからです。

　**自力解決の時間を決める基準は,タイマーの時間ではなく,いつも子どもの中にある**のです。

**❷基準が明確になると教師の関わり方も決まる**

　例えば，第6学年の「比」の学習で，次のような問題を子どもたちに提示したとします。

> 　あたりとはずれのくじの数の比が3：5になるようにくじをつくります。
> 　くじの数を全部で72個にするとき，あたりくじの数は何個にすればよいでしょうか。

　ここで，各自で問題を解釈し，考えるための自力解決の時間を設定します。

　このとき，「全体（72個）を表す数の比はどれなのかな？」といった疑問がだれかから出てくるタイミングを，自力解決を終える基準にするのです。

　このような基準を明確にもっていると，自力解決中の教師の動きもシンプルになります。「全員の解決が終わること」ではなく，「疑問が生まれること」を基準にしているので，解決できていない子に直接じっくりと関わるようなことはしません（もちろん，見取り，把握しておくことは大切です）。

　そのかわり，**上記のような疑問を抱いている子を，ノートやつぶやきから見取ることに集中します**。

　そして，もし該当する子どもを見つけたなら，そこで自力解決を素早く切り上げるのです。

❸「考えたかどうか」を基準にする

その後，次のように全体に投げかけます。

**「みなさん，何やらBさんは疑問があるらしいよ。ちょっと聞いてみてくれる？」**

Bさんからは，「72個の割合って，3なのか5なのかなって考えていたら，よくわからなくなってきました」といった疑問が全体の場に出されます。

すると，これに対してまわりの子どもからは様々な意見が出てきます。

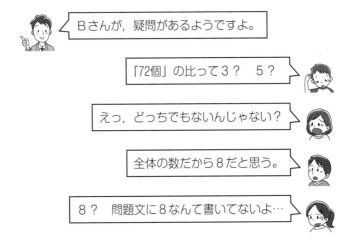

Bさんが，疑問があるようですよ。

「72個」の比って3？　5？

えっ，どっちでもないんじゃない？

全体の数だから8だと思う。

8？　問題文に8なんて書いてないよ…

そこで，

「では，全体の数（72個）を表す割合が3なのか，5なのか，はたまた，問題文に書いていない8なのかを，それぞれで考えてみましょう」

と全体に投げかけ，再び自力解決の時間を取ります。

　もちろん，ここでもタイマーによる時間設定はしません。**「72個を表す割合が３，５，８のいずれなのかについて，どの子も自分なりに考えたかどうか」を基準にする**のです。

　このような場合は，算数を苦手とする子や解決に時間のかかる子の様子を把握しに行くのが適切でしょう。

　こうした子どもたちがしっかりと問題に関わり，自分なりに考えることができていなければ，その後の交流についてくることができなくなってしまうからです。

　ただし，解決の手助けまでしてしまってはいけません。ここで自力解決を設定した理由は，「一人ですべて解決させること」ではなく，「72個が表す割合について自分なりに考えてみること」だからです。

　ですから，どの子もこの問題に対して働きかけ，72個が表す割合について考えたと判断できたなら，そこで自力解決を切り上げるのです。


## ❹自力解決は自分なりに問題に関わる時間

　「自力解決」の時間が問題解決学習のプロセスに位置づいているのは，全体で話し合い，学びを深めていく過程で「自分なりに考えてみること」が必要だからです。

　**たとえ解決に至らなくとも，自分なりに問題に働きかけ，それを基に他者と対話していくことが，学びの深まりには不可欠**なのです。

　このように，自力解決の設定時間を考えるということは，

何のために授業の中で自力解決をさせるのかを考えること
につながっていきます。

　このように考えれば，「自力解決を何分に設定すればよ
いか」と悩むこと自体が意味のないことであることがおわ
かりいただけると思います。
　基準になるのは，時間ではなく子どもの姿なのです。そ
の基準さえ明確になれば，教師はそうした子どもの姿を見
取ることに集中すればよいのです。

自力解決

どうすれば，全体を見取りつつ，算数が苦手な子にも適切な関わりができますか？

　私の学級には，算数が得意な子や先行知識をもっている子どももいますが，そうでない子どももももちろんたくさんいます。

　ですから，自力解決中の机間指導の際には，算数に対して苦手意識をもっている子や，問題の把握や解決に時間がかかってしまう子どもに丁寧に関わるように意識しています。

　しかし，そうすると，時間内に一人か二人しか関わることができず，他の子どもたちの様子を見取ることができていません。

　どうすれば，全体を見取りつつ，算数を苦手とする子どもにも適切な関わりができるのでしょうか？

解決スピードが速い
順に見て回ろう！

## 1 どの子どもから見取るか

突然ですが，みなさんは自力解決の時間が始まった際，最初にどの子の様子から見に行くでしょうか。

一般的に一番多いのが，「算数を苦手とする子」「問題把握や解決に時間がかかる子」です。

一人ひとりで取り組む時間なのだから，やはり，算数を得意としない子，つまずく恐れのある子から関わっていくのは当然のように思えます。

しかし，私の場合は逆です。いつも，「算数を得意とする子」「問題把握や解決スピードの速い子」から見取っていくことにしているのです。つまり，解決スピードの速い順に見て回っているということです。

もちろん，このような順に子どもの考えを見取って回るのには，明確な理由があります。

# 2 どのように全員の考えを見取るか

**❶解決が速い子の考えは，すぐに見取ることができる**

　なぜ，解決スピードの速い順に見て回るのか。それは，**その順で見て回ることで，学級全員を見取ることが可能になるから**です。

　自力解決の時間が始まってすぐに，算数を苦手とする子に関わることを想像してください。

　恐らく，ノートには何も書かれていません。まだ，問題をじっくりと解釈している段階でしょう。

　これでは，その子の考えを見取ることは無理な話です。

　また，**子どもにとっても，すぐに教師が関わってくるという状況は必ずしもよいとは言えません。**

　考え始めたばかりなのに先生が横に来て，「どこで悩んでいるの？」「わからないところはどこ？」などと聞かれても，まだそこまで見えていない場合が多いのです。「もう少し放っておいてくれ」と，内心思っている子どもも少なくないはずです。

　一方，解決のスピードが速い子どもたちは，早々にノートに自分の考えを書き終わっているかもしれません。

　ですから，すぐに見て回ったとしても，たいていの場合は考えを見取ることができるのです。

　私は，こうした子どもたちの考えを早目に見取って回り，「おもしろいなぁ。考え方が３つもあるぞ」「２つも考え方

を書いているんだ。すごいなぁ」などと，まわりの子にも
聞こえる声でつぶやいて回ります。

　そうしている間に，問題場面の解釈に時間がかかる子ど
もたちが考える時間を，しっかりと確保しているのです。

## ❷見取ることに徹する

　私は自力解決中の関わりとして，基本的には**子どもの考
えを「見取る」ことを最優先**にしています。

　つまり，教師が子ども一人ひとりに関わって，全員に解
決を終えさせようとはしていないということです。

　たとえ算数を苦手とする子どもがいたとしても，その子
にヒントを出したり，やり方を直接教えたりすることはし
ません。

　なんとも冷たい対応だと思われそうですが，決してそう
いうことではありません。私は，ただ放っておいているの

ではなく，**悩みや疑問，つまずきをしっかりと見取ること
に集中している**のです。

　それは，見取った子どもの考えをその後の全体交流に生
かしたいと考えているからです。

　ですから，

　「なるほど，いいところで悩んでいるね。こういうとこ
ろで疑問をもつというのは，力がついている証拠だなぁ」
などと声をかけ，とにかく見取ることに徹しているのです。

　そうして，**つまずきや悩みを全体交流の軸にしようと，
リアルタイムに授業を構想している**のです。

### ❸自力解決のあり方と教師の役割を再考する

　このように，解決スピードの速い子から順に見て回るこ
とを意識することで，短い時間であっても，十分に全体の
思考傾向を見て回ることができます。

　また，その後の全体交流に向けた授業展開プランに，悩
みや疑問をもっている子どもの思いを生かしていくことも
できます。

　こうしたことから，私は，自力解決における教師の役割
とは，子どもたち一人ひとりの考え方をしっかりと見取る
ことだと考えているのです。

　自力解決中にすべての子どもに丁寧に関わることは，時
間的に不可能なことです。

　ですから，この時間に何でもやろうとしすぎず，教師が
関わる「目的」，教師の「役割」を絞り込んでいくことが

大切だと私は考えています。

　そのためにも，自力解決のあり方について，それだけを取り出して考えるのではなく，授業全体の中でどういった位置づけにするべきなのかを見つめ直してみる必要があるのではないでしょうか。

どうすれば，より活発な交流の場面をつくることができますか？

　導入はとても盛り上がった授業。ところが，自力解決が終わり，全体交流の時間になったとたんに教室が静かに…。

　このように，なかなか子どもの意欲的な姿が授業の終わりまで持続しません。

　だれかが発表をしていても，まわりの子どもたちの反応は少なく，「いいです」と答えるだけです。

　もっと多くの議論を重ねて学びを深めていきたいのですが，なかなかうまくいきません。

　どうすれば，子どもたちの学びの意欲が全体交流の最後まで持続し，活発で深まりのある話し合いを展開できるのでしょうか？

考えた結果の一部だ
けを示させ，その考
え方を聞き手に推論
させてみよう！

**A**

# 1 「聞き手」の状況に注目する

### ❶対話を通して学ぶ価値

　多くの先生方のお話を伺っていると，どうやら，授業づくりの一番の悩みは，全体交流にあることが多いようです。

　その中でも，「子どもの発言が少ない」「活発な話し合いにならない」といったことが上位を占めています。

　子どもたちが夢中になって話し合いをしたり，意欲的に発言したりする姿というのは，教師であればだれもが大切にしている授業中の子どもの姿だと思います。

　それだけ，学びにおける他者との対話に価値があることを教師自身が実感しており，それを授業の中で実現したいと願っているわけです。

　しかし，現実はそう甘くはありません。

　授業の導入は順調だったものの，全体交流に入ったとた

んに子どもたちの意欲が失われ，いわゆる，発表会的な交流になってしまう，ということはよくあることです。

## ❷交流が活性化しない要因

では，交流が活性化しなかったり，発表会的になってしまったりするのは，何が要因なのでしょうか。

本項では，「話を聞く（聞き手）側」に焦点を当てて考えてみます。

発表者が画用紙に考え方を書いてそれを黒板に貼り，それを指さしながら解説している場面を想像してみてください。

この場合，確かに発表している子どもは一生懸命に説明をしています。でも，ここで注目すべきは，聞き手の子どもたちです。

こうした説明の場合，発表者が自分の考えをすべて丁寧に解説してくれますから，聞き手の子どもたちは，安心して話を聞くことができます。

ところが，**「安心して聞ける」というのは，聞き手にとって必ずしもよい状況とは言えない**のです。緊張感をもって話を聞く必要がない状況こそが，交流が活性化しない最大の要因となっているからです。

授業は，家でテレビをゆったり見ているときとは大きく違います。**聞き手が話し手の説明を能動的に思考しながら聞くような状況が生まれなければ，活発で深まりのある議論を望むことは到底できません。**

安心感はとても大切なことですが，**対話を通して学びを深めていく場面では，ある程度の緊張感が必要になる**のです。

# 2　聞き手に注目した交流のつくり方

**❶考え方の一部分から推論する**

　そこで，交流を活性化させ，より深まりのあるものにするために，**発表者には考えた結果の一部だけを示させ，聞き手にその考え方を推論させてみる**のです。

　これにより，聞き手の子どもたちに「聞く必要感」「考える場」をつくることができます。

　第5学年の「小数のわり算」の学習を例にご説明します。

全体交流

> 0.8mの代金が96円の針金があります。
> この針金1mのねだんは何円でしょう。

　ここで，Cさんという子が96÷0.8の式を960÷8にして解決するという考えをもっていたとします。

　このとき，次のように話し手に考えの一部分（下の例では式）だけを示させ，それを基にその考えについて聞き手が推論する場をつくっていくのです。

Cさん。96÷0.8の計算の仕方をどうやって考えたのか，黒板に式だけ書いてくれる？

960÷8で考えました。

96÷0.8の計算なのに，960÷8で考えたの？

Cさんがどうやって考えたのかわかった！

**❷発想が生まれてきたきっかけを問う**

　このように，考えた結果の一部分だけを示させると，聞き手の子どもたちの話を聞く際の姿が一変します。

　「わかった！　0.8mの針金を10倍したってことは，長さ

を10倍の８mの場合で考えたってことだ」

「だから代金も10倍で960円になったんじゃない？」

こうして，**話し手の考えの一部分の情報を基にその考え方の全体像を聞き手が能動的に推論する場**をつくります。

そのうえで，さらに次のように問いかけると，学びはより深まっていきます。

「では，そもそもＣさんは，なぜわられる数とわる数の両方とも10倍にしようと考えたのかな？」

こうした，**発想が生まれてきたきっかけにあたる部分を問うことは，学びを一段階深めるためにとても重要**です。

ここでいう「発想のきっかけにあたるもの」を，東京学芸大学附属小金井小学校の加固希支男先生は「発想の源」と呼び，算数の授業づくりで欠かせない大切なものであると述べています。

「どっちも10倍すると，今まで学習した計算でできるからじゃないかな？」

「整数の計算にするとわかりやすいし，計算間違いも少ないからだと思う」

**話し手の考えの一部分からその全体を推論し解釈する場をつくることは，このように，聞き手の頭の中を活性化することにつながっていきます。**

全体交流をどのようにつくっていくかを考える際，話し手に注目することが多いのですが，実は，聞き手の状況に注目していくことが，より活発で深まりのある交流をつくっていくことのカギになるのです。

どうすれば，もっと全員の学びが深まる交流をつくることができますか？

　全体で話し合いを始めても，何人かの子どもの説明で「正しい考え方」が明らかになり，そのまま学びが十分に深まることなく交流が終わってしまいます。

　そこで，できるだけ誤答を取り上げるようにしているのですが，それだけでは，うまく学びが深まっていきません。

　話し合いが停滞しているわけではないのですが，今の状態では，一人ひとりの学びに全体交流が十分に生かされているとは言えません。

　どうすれば，どの子にとっても理解が深まったり，見方が広がったりするような学びを実現する全体交流にできるのでしょうか？

「正しくないことの
証明」に力を入れて
みよう！

# 1 「正しいことの証明」だけの授業

## ❶ 「正しくないことの証明」が学びを深める

算数の授業で見られる全体交流では，「正しい考え方」についての説明が中心になることが多くあります。

算数において「なぜ正しいのか」の論理を突き詰めることは，とても大切な学びの1つです。しかし，それだけでは，学びを深めるのに十分ではありません。

そこで，必要となるのが，「正しくないことの証明」のプロセスなのです。

では，「正しくないことの証明」のプロセスが，学びを深めていくためにどれほど重要なのか，具体的な学習場面を基に考えていきたいと思います。

## ❷正しいことと正しくないことの証明

　以下に示す事例は，第5学年「割合」の的当てにおける
命中率を比べる問題を扱った場面です。

> Aさん…12回中9回当たった
> B君　…10回中7回当たった

　上記の的当ての結果を子どもたちに提示し，Aさんと
B君，どちらの方が「的に当たりやすいと言えるか」を
問うと，次のような考え方が出てきました。

　①投げた回数と当たった回数の差を見る。
　　12−9＝3，10−7＝3なので，どちらも差が3。
　　よって，当たりやすさは同じ。
　②投げた回数に対する当たった回数の割合を見る。
　　9÷12＝0.75，7÷10＝0.7なので，Aさんの方が当
　　たりやすい。

　これらは，子どもたちから出てくる典型的な2つの考え
方です。
　こうした授業では，「なぜ，②の割合の考え方の方が適切
なのか」の説明に終始する展開となることが多くあります。
そして，「②が正しいから①が正しくない」といった理由
で，差の考え方に間違いの烙印が押されてしまうのです。
　しかし，割合の概念に対する理解を深めていくには，

「なぜ，①の差の考え方で比べるのが適切ではないのか」について十分に理解していくことが不可欠です。

　<u>差と割合を用いた比べ方の違いが何であるかを明確に捉えることこそが，割合の考え方のよさを実感することにつながるから</u>です。


# 2　「正しくないことの証明」の有効性

**❶差の考え方は，なぜ正しくないと言えるのか**

　このような話をすると，「そうした授業展開は子どもにとって難しすぎる」と言われる先生がいらっしゃいます。

　確かに簡単なことではありませんが，そこから目を逸らしていても，子どもが割合について理解を深められるわけではありません。

　ですから，教師も子どもも逃げずに，難しい概念であるからこそしっかり向き合う必要があるのです。


　では，「正しくないことの証明」のプロセスについて，先の例を通して具体的に見ていきたいと思います。

　まず，２つの考え方が出てきたなら，**「なぜ割合の考え方が正しいと言えるのか」**ではなく，**「なぜ差の考え方が正しくないと言えるのか」の方を問うていく**のです。

　恐らくこの問いかけには，先行知識をもっている子ですら戸惑い，悩むでしょう。それは，方法としての割合の知

全体交流

識だけでは，この問いに対応できないからです。

　つまり，**「正しくないことの証明」は，先行知識の有無や算数の得意・不得意に関係なく，学級の子どももみんなが同じ土俵で考えられる問題である**ということです。


　では，差の考え方が，なぜ正しくないのかについて考えてみます。

　この考え方は，「投げた回数と当たった回数の差が同じなら当たりやすさは同じだ」と言っているわけです。

　試しに，差を3（A，Bさんと同じ差）で固定し，数値を置き換えて他の場合でも考えてみたいと思います。

　「10回中7回当たり」「9回中6回当たり」「8回中5回当たり」…「3回中0回当たり」

　どうでしょうか。「3回中0回当たり」の場合とAさんの「12回中9回当たり」とでは，差は同じ3だとしても，当たりやすさは明らかに違うとわかるはずです。


**❷「数を置き換えて考える」という見方・考え方**

　もちろん，こうした証明は，はじめから子どもができるわけではありません。

　ですから，はじめのうちは，

　「例えば，差が3の他の場合についても考えてみてごらん」

などと投げかけ，子どもから「数を置き換えて考える」という見方・考え方を引き出し，それを働かせて追究する経

験をさせていく必要があるでしょう。

　そして，ある考え方が正しいかどうかを確かめる場合には，こうした見方・考え方が有効だということを子どもに実感させていくのです。

②の考え方があっているよ。

なぜ①の差の考え方は正しくないと言えるの？

えっ，なぜって言われても…
確かに，①でもいいかも…

じゃあ，差が３の他の場合だったら？

例えば，10回中７回当たり，９回中６回当たり…
３回中０回当たり…あれっ!?

全体交流

　こうして身につけた「数値を置き換えて考える」という見方・考え方は，今後，様々な場面で汎用的に用いることができるものとなります。

　「正しいことの証明」だけの場合と比較して，「正しくないことの証明」を扱う方が，子どもの学びが大きく深まり，見方や考え方も広がっていくのです。

活発な交流になったのですが，
テストの結果が散々でした…

　授業が盛り上がり，交流も活発に行われ，「これはいい学びになった」と喜んでいたところで，後日テストをすると散々な結果に…。

　こんなことがよくあります。

　子どもたちは主体的に学んでいるように見えますし，話し合いもよくできていると思うので，なぜ理解が深まっていないのかがよくわかりません。

　やはり，ドリルのようなもので練習問題をたくさん解かせなければ，学びは定着しないのでしょうか？

　どうすれば，どの子も学習内容の理解を深めることができる全体交流をつくることができるのでしょうか？

子どもの「表現の変換」を促す関わりをしてみよう！

# 1 交流が盛り上がる≠学びが深まる

## ❶テストの点数から見える学びの定着の実態

　話し合いが盛り上がり，よい授業になったと思ったときに限って，テストの結果に愕然とする。このような経験をされたことはないでしょうか。

　テストで学力のすべてを測ることはできないことを前提にしても，点数があまりにも取れていないといった状況があるならば，理解が十分でない部分があると捉えるべきでしょう。

　特に，一部の子どもだけが高い点数を取り，それ以外の子どもの点数が低いという場合は，学びの定着に大きな差が生まれているので，十分に注意したいところです。

　では，こうしたことがなぜ起こるのでしょうか。その原因について考えてみます。

## ❷教師の印象と，子どもの学びの実態のずれ

　私は，以前，修士課程で数学的コミュニケーションについての研究を行っていたことがあります。その際，授業中の子どもの発言をすべて分析し，数学的コミュニケーションが学びに与える影響について調べました。

　この研究では，**教師の授業展開に対する表面的な印象と，実際の子どもの学びの実態には大きな差がある**ことがわかりました。

　一見，活発に行われているように見える交流であっても，**そこで使われているお互いの表現に対する解釈がずれてしまうことにより，一人ひとりの理解の深まりに大きな差が生まれてしまうことがある**のです。

　つまり，話し合いが盛り上がり，どの子も「わかった！」という反応を示していたとしても，実際には，その「わかった！」には大きな質の差が生まれているということです。

　当たり前のことを述べているように思えますが，その差

というのは，私たち教師が普段から感じている以上に大きいことがわかったのです。

では，こうした状況を改善するには，どうしたらよいのでしょうか。

そこで，重要なカギとなるのが，教師の関わりによる「表現の変換」を促す関わりです。

# 2 子どもの理解に差が生まれるきっかけ

## ❶2学級での比較授業

第2学年の「はこの形」の学習を例に考えていきます。

単元後半に行った本実践では，導入場面で直方体を構成する6面のうち4面をつなげた状態で提示しました。そして，残りの2面について，提示したア，イ，ウの面の形から正しいものはどれかを考える場を設定しました。

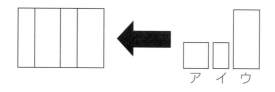

子どもたちは，これらの中から直方体を完成させるために必要なものを見つけようと，実際に面を操作しながら考えていきました（ちなみに，上記ア，イ，ウの面は，箱を完成させるのにすべて不適切な辺の長さにつくられていま

す。これにより，どんな辺の長さの面であれば箱を完成させられるかについて考える展開をねらいました）。

そして，全体交流では，それぞれが正しいと考える面をめぐって話し合っていったのです。

この実践は，2学級でまったく同じ内容と展開で行いました。しかし結果は，2つの学級で子どもたちの理解について大きな差があることがわかったのです。

### ❷理解の差はなぜ生まれたか

細かい説明は省きますが，分析を進めていくと，その理解の差を生んだ要因は，話し合い中に使われたある言葉の解釈のズレにありました。その言葉とは，子どもが説明をする際に使っていた「ここがぴったり」という表現です。

例えば，アの面が直方体をつくるのに適切でないことを説明する場面では，

「アの面のここがぴったりじゃないから，組み立てたときに合わなくなるので，箱にはならないよ」
と説明する子がいました。

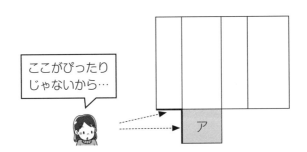

こうした説明は，どちらの学級でも見られたのですが，それに対する教師の関わりが１つだけ違いました。

　一方の学級Aでは，「ここはぴったりなんだけど，ここがぴったりじゃなくて…」といったように，実際に図を指さしながら子どもが説明しただけでした。

　それに対してもう一方の学級Bでは，同じように「ここがぴったりじゃないから…」といった説明が出てきたところで，教師が，

**「"ここ"というのはどこのこと？」**

と問い返しました。そして，**子どもから「この辺の長さを表している」という直接的な説明を引き出し，それを学級全体で共有していった**のです。

ここがぴったりじゃなくて…

"ここ"というのはどこのこと？

"ここ"というのは，この「辺の長さ」のことで…

　その結果，２つの学級での最終的な理解の深まりには大きな差が生まれました。

　学級Aでは一部の子どもしか理解が深まっておらず，学級Bでは，その学習内容をほとんどの子が深く理解できて

いたことがわかったのです。

### ❸理解を深めるきっかけとなる，表現の変換

　２つの学級の違いは，「ここ」という表現を教師がその関わりによって「辺の長さ」に変換したかどうか，たったこれだけでした。

　たったこれだけのことで，子どもたちの理解には大きな差が生まれたのです。

　理解が十分に深まっていなかった学級Ａでは，説明している子どもは「ここはぴったりなんだけど…」と言いながら，黒板の図の辺を指さしていました。教師はこれを見て，当然聞いている子どもたちも理解できていると捉えたわけです。

　しかし，実際には，それを聞いている多くの２年生の子どもたちは，それが「辺の長さ」を意味しているとは解釈できていませんでした。

　私たち教師は，話し合いが盛り上がっていると，ついつい子どもたち全員が話の内容を理解していると錯覚しがちです。しかし，**実は子どもたちの中で交流内容の解釈がズレていたり，そもそも，解釈できていなかったりすることが多々ある**のです。

　もちろん，発達段階によって，教師がどこまで関わるのかは十分に考える必要があります。しかし，全体交流の中で使われている表現がどのように解釈されているのかについて，教師はもっと敏感でいる必要があるでしょう。

特に，学年が下になればなるほど，こうした，表現を変
換する教師の関わりはとても重要になってくるのです。

　このように，抽象的な表現や「ここ」などの指示語が出
てきた場合には，私たち教師は特に注意する必要がありま
す。
　子ども一人ひとりが勝手な解釈をしていたり，よく理解
せずにわかった気になったりしている可能性があることを
忘れてはいけません。
　その表現が何を表しているのか，具体的な言葉に変換す
る教師の関わりが，どの子も理解を深めていく交流にする
ためには欠かせないのです。

どうすれば，友だちの発言を
解釈する際の時間差を埋める
ことができますか？

　発言がたくさん出ることで全体交流が活発になるのはよいのですが，中には話し合いのテンポについていけない子どもたちがいます。

　そうした子どもたちの多くは，はじめのうちは一生懸命に話を聞いているのですが，どうやら，途中で友だちの発言の意味がわからなくなってしまうようです。

　ところが，話し合いが得意な子どもたちが交流をどんどん先に進めてしまいます。

　どうすれば，友だちの発言を解釈する際の時間差を埋めて，全員で学びを深めていく全体交流を展開することができるのでしょうか？

発言解釈のためのペア交流を取り入れてみよう！

A

# 1 解釈の時間差は必ず生まれる

## ❶交流の途中で脱落する子ども

どの子もやる気がなく，シーンと静まりかえった交流ほど教師にとって苦しいものはありません。一方で，議論が白熱して活発に意見交流がされたものの，気づけばそこから脱落している子どもがちらほら。こんな状況は，どの学級でもよく見られることではないでしょうか。

どんなに全体で議論が深まったとしても，途中で話し合いについていけなくなってしまった子どもにとっては，そこで学びが止まっています。

ですから，そういった子どもたちの姿が見えなくならないように，私たちは十分に気をつけて授業を展開する必要があるでしょう。

## ❷他者の発言を解釈するのにかかる時間の差

　他者の発言を解釈する速さというのは，子ども一人ひとりで大きく違います。遅いからといって必ずしも力がないというわけではありませんが，学習を苦手とする子の多くは，解釈に時間がかかる傾向があります。

　こうした，他者の発言を解釈するまでの時間差というのは，どの学級でも必ず見られることです。ですから，これを教師の適切な関わりによって埋めていくことは，学級全員が学びを深めていく全体交流にするためには不可欠です。

　そこで有効なのが，「発言解釈のためのペア交流」です。

　ペア交流を取り入れるときに大切なことは，「何のためにペアで交流させるのか」といった目的を明確にすることです。

　ここでは，**「他者の発言をしっかりと解釈させ，それにかかる時間差を埋める」**ことを目的に，ペア交流を取り入れます。

# 2 ペア交流で時間差を埋める

**❶ペア交流を取り入れるタイミング**

　全体交流では，**話の内容が一段階大きく深まる瞬間**というものがあります。

　他者の発言の解釈に時間がかかる子どもの多くは，こうしたタイミングで話についていけなくなります。

　ですから，このタイミングを見計らってペア交流を取り入れていくのです。

　第2学年の「くり下がりのあるひき算」の学習を例に説明します。「34−18」の筆算の仕方について考える場面です。

　ここでは，ペア交流を2回ほど取り入れていくタイミングが想定されます。

　1つめのタイミングは，「一の位の4−8ができないから，十の位から10借りてきて…」といった説明の場面。

　2つめは，「十の位の計算は，さっき，一の位に10をかしたので2−1になって…」という説明が出てくる場面。

　「〜だから，こうする」「さっき〜したから，…になる」といったように，**「〜だから」がつく場面は，説明の中でも論理の積み上げのある場所**に当たります。

　こういった**論理の積み上げのある場所というのが，解釈に時間がかかり，大きな個人差が生まれるところ**なのです。

　ですから，このタイミングで，

「今，○○さんが言ったことはどういうことなのかな？
ちょっと，お隣の人と確認してごらん」
とペアで交流の場をつくるのです。

### ❷ペア交流と全体の確認で，学びの土台をそろえる

　ペア交流自体は短くて構いません。終わったら，
　「先生はちょっとまだよくわかっていないから，だれか
もう一度，同じ説明をしてくれるかな？」
と全体に問いかけます。こうして，全体でもう一度確認を
することで，学級全体の学びの土台がそろっていくのです。

十の位から10を借りてきて…

 今の説明はどういうことかな？
隣の人と確認してごらん。

一の位が4－8だと計算できないから…

 だれかもう一度説明をしてくれないかな？

4－8はできないので，十の位から…

　このような手立てを取ることで，解釈に時間がかかる子
どもを置き去りにせず，全体交流を進めることができるよ

うになるのです。

　ペア交流は，この例のように目的を明確にして使っていくことで，とても有用な手立てになります。一方，意図なく乱用すれば無意味な時間をつくり出すことにつながります。

　決して，「何となく交流が盛り上がるから」「どう切り返してよいかわからなくて困ったから」といった理由で使うことのないように，十分に気をつけたいものです。

たくさんの考え方が出たとき，どの意見から取り上げればよいか迷ってしまいます…

　子どもたちがたくさんの考えを発表し合うような全体交流をつくりたいと考えています。

　しかし，いざ多様な考え方が出てくると，どの考え方から取り上げていくかに迷い，ちぐはぐな交流になってしまうことがあります。

　結局，代表的な考え方をいくつか取り上げただけで，他の考え方とのつながりを明らかにすることもできずに交流が終わってしまいます。

　こういった場合，どのような順で発言を取り上げていけば，活発で深まりのある交流を実現することができるのでしょうか？

代表的な正しい考え方から一番遠い意見から取り上げよう！

A

# 1 どの考え方から交流を始めるか

## ❶たくさんの考え方を出させることが目的化した交流

全体交流

多様な考え方が出てくる学習場面では，どの考え方をどの順で扱っていけばよいのかについて迷うことがあります。

こういった場合，できるだけ多くの考え方を発表させようと考えた結果，「方法発表会」になってしまう，といったことが起こります。

その要因は，交流の目的が「たくさんの考え方を発表させる」ことになってしまっているからです。

つまり，「学びを深める」という，本来の交流の目的が見失われてしまっているのです。

## ❷交流の必要感を子どもに強く感じさせる

では，子どもたちから次々と出てくる考え方を前にして，

学びを深めるための交流をどのように組織していけばよい
のでしょうか。

　ここでカギとなるのが，**「代表的な正しい考え方から一**
**番遠い意見」**です。ここでいう「代表的な正しい考え方」
とは，例えば教科書で紹介されているような典型的な解決
方法がそれに当たります。これらはとても重要度が高く，
基本的には必ず取り上げておくべきものとして教科書に掲
載されています。

　しかし，今回の手立てでは，そうした考え方から一番遠
いところにある考え方，つまり，誤った考え方や正解には
たどり着いているものの，効率的ではなかったり汎用的で
はなかったりする考え方（その問題にしか使えず，他の問
題場面に応用がきかない考え方）を優先して取り上げてい
くのです。

　では，なぜ，重要度の高い代表的な考え方を後回しにす
るのでしょうか。それは，**こうした考え方を交流のはじめ**
**に取り上げてしまうと，その後に誤答や他の考え方が表に**
**出て来なくなる可能性があるから**です。

　ご自身のことに置き換えて考えてみてください。

　もし，何かの場でみなさんが意見を発表しようというと
き，自分よりずっとわかりやすい考え方が先に出されたな
ら，その後に発表したいと思うでしょうか。恐らく，ほと
んどの場合はそうは思わないでしょう。

　一方，誤った考え方や，あまり効率的，汎用的とは言え
ない考え方が先に取り上げられた場合はどうでしょうか。

この場合，交流がそこで終わるということは決してありません。それどころか，誤った考え方のどこが問題なのかを証明したり，よりよい考え方を見いだしていったりする場が生まれます。

つまり，**交流する必要感が強く生まれる**のです。

また，こうした交流は，最終的には「正しく」そして「よりよい」考え方の方向へと必ず向かっていくことになります。

誤った考え方なら，正したくなる。不十分な考え方なら，補足したくなる。非効率的な考え方なら，よりよく変えたくなる。それが人間の心理です。

ですから，正しい考え方やよりよい考え方というのは，たとえ後回しにしたとしても，最終的には必ず出てくるものなのです。

全体交流

## ❸「よさ」が見える

この手立てには，もう1つ大きなメリットがあります。

それは，**代表的な正しい考え方の重要性が，最終的により強調される**ことです。

そもそも，重要度の高いこうした考え方というのは，効率的で汎用性のある，数学的に優れているものです。

しかし，どんなにすばらしい考え方であっても，それ単体だけを見ていては「よさ」は見えにくいものです。

**「よい」とか「優れている」というのは相対的な表現ですから，何かと比較されてはじめて，その「よさ」が強調**

**されて見えてくるもの**なのです。

　ですから，代表的な正しい考え方だけを取り上げてしまえば，その「正しさ」はわかったとしても，考え方の「よさ」を子どもたちが感得することはできません。

　これでは，十分に学びが深まる交流にはなり得ないのです。

　誤った考え方について「なぜ正しくないのか」を深く考える。効率的，汎用的でない考え方を基に，それらを少しずつ修正しながらよりよい考え方（代表的な正しい考え方）に近づいていく。

　こうしたプロセスでは，多くの数学的な見方・考え方を働かせ，思考・判断・表現することになります。

　そして，様々な考え方と比較された状態で，代表的な正しい考え方の「よさ」が実感されていくことになるのです。


# 2　多様な考え方が関連した形で位置づく交流

❶「よりよい」方向へ考えを進めるきっかけをつくる

　では，こうした学びのプロセスを具体的な授業場面を通して見ていきましょう。

　第2学年のかけ算の学習を例にご説明します。ここでは，多様な考え方が出てくる場面として，次のような問題が単元後半に位置づいています。

下の●の数を求めましょう。

　子どもからはたくさんの考え方が出てきます。

　そこで，「代表的な正しい考え方から一番遠い意見」として，例えば「1個ずつ数えた」という考え方から取り上げていくのです。

　これは，不正解（誤答）ではありませんが，決して効率的な考え方とは言えません。

　ですから，これを優先的に取り上げ，

**「なるほど！　だれにとってもわかりやすい，一番よい求め方ですね」**

と，全体に投げかけてみるのです。

　すると，子どもからは，

　「確かにわかりやすいけど，僕はもっと簡単に計算を使って求めたよ！」

　「私も！　もっと，数えるのを少なくできるいい方法を見つけたよ」

などといった声が上がります。そして，●のまとまりごとにかけ算を適用するといった考え方が出てくるわけです。

全体交流

「なるほど。数えるアイデアはとてもいいのだけれど，"まとまり"を見つけてかけ算を使うと，もっと簡単に求められるんだね」

このように，1つずつ数える方法に対して，かけ算を用いた考え方はどこがよりよくなったのかを確認していきます。

すると，「数える考え方」しか思いついていなかった子どもたちは，自分の考え方の延長線上に「かけ算の考え方」を捉えていくことができるのです。

## ❷より効率的に●の数を数える

こうしたかけ算を用いた考え方を扱う際にも，最も非効率的な考え方から取り上げていくとよいでしょう。

例えば，●を3つずつに分けた下記のような考え方を先に扱うのです。

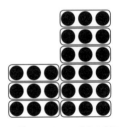

この考え方を基に「1つずつばらばらであるよりも，できるだけまとまりで見た方がよい」ことを強調して価値づけることで，子どもたちからは「もっと大きなまとまりで考えられる」といった方向の発言が出てきます。

そこで，

「もっと大きなまとまり？」
と問い返せば，次のような，より効率的で汎用性の高い考え方が出てくるはずです。

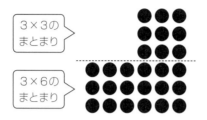

　この交流では，**「より効率的に●の数を数えること」を目的に，多様な考え方が関連して出てきている**ことがおわかりになるでしょうか。

　このように，「●を１つずつ数える」という，「代表的な考え方から一番遠い意見」を起点とすることで，交流の目的が子どもの中で明確になったまま授業が展開していきます。
　そして，多様な考え方がそれぞれに独立することなく，関連した形で交流の中に位置づいていくことになるのです。

どうすれば，誤答をうまく生かした交流にすることができますか？

よく，「誤答を授業に生かすことが大切だ」と言われるのですが，そうした考え方をどのように扱えばよいのか，いつも悩んでいます。

できるだけ板書に位置づけたり，その説明をみんなで聞くような場をつくったりしてはいますが，はたしてこれで「誤答を生かしている」と言えるのか疑問です。

また時には，誤答を出した子どもが落ち込んでしまうようなこともあり，こうした意見を扱うことの難しさを感じています。

どうすれば，授業の中で誤答がうまく生かされるような展開をつくることができるのでしょうか？

逆転場面について考
えさせてみよう！

# 1 誤答を「取り上げる」だけで終わらない

## ❶誤答を取り上げる≠誤答を生かしている

　「誤答」を生かした学習展開を大切にすべきであること
は，今や様々なところで言われています。しかし，本当の
意味で「生かす」というのは意外に難しいものです。

　誤答を取り上げたのはいいけれど，黒板に書いただけで
終わったり，説明させて「なるほどね」と認めただけで次
の指名に移ったりするような場面をよく見かけます。

　これでは，誤答を十分に生かせたとは言えません。つま
り，**「取り上げる」だけでは「生かしている」ことにはな
らない**のです。

　こういった授業を続けていれば，「授業中はたくさん間
違えてもいいんだよ！」と，どんなに教師が熱く語ったと
しても，子どもは間違えることを怖がるようになり，次第

に発言量も減っていくでしょう。

### ❷新たな「問題づくり」の場

　誤答を生かした授業をつくるうえでまず大切にしたいのは，p.88からの項で「正しくないことの証明」に関して述べたように，誤答について「どこが正しくないのか」「なぜ正しくないのか」を徹底的に明らかにすることです。

　こうした交流は学びの深まりには欠かせません。

　そのうえで，「誤答」をさらに生かしていくためには，「逆転場面」について考えることが有効になります。

　**これは，「誤答」が「正答」になる場面について考えていく**というものです。

　もし間違いとされている考え方が正しくなる場合があるならば，それはいったいどのような場面なのかについて，学級全体で考えていくのです。つまり，新たな問題場面づくりの場を，授業に取り入れていくということです。

## 2　誤答を生かす授業の実際

### ❶たし算とひき算の場面の違いを明らかにする

　具体的に，第1学年の「ひき算」の場面を例に考えてみましょう。

　次の問題を見てください。

> ケーキが全部で13個あります。
> そのうち９個食べると，残りはいくつになるでしょうか。

　これは，１年生の２学期に行う学習です。

　この時期の１年生の子どもたちは，たし算やひき算の概念がまだ十分に身についていません。ですから，中にはこの問題を「たし算」の場面だと考える子どもがいます。

　つまり，「13＋９」という式を立てる子どもが出てくるということです。

　そこで，この「13＋９」の考え方をはじめに取り上げます。すると，当然，別の子どもからは「13＋９じゃなくて13－９じゃないかな？」といった声が上がります。

　このとき，「なぜ，13－９なの？」と問い返してはいけません。**「13－９」は正しい式ですから，これを先に扱ってしまっては，「13＋９」の話題に二度と戻ることができなくなる**からです。

　ですから，ここでは，

　**「『全部で』と問題文に書いてあるし，13＋９でいいかなと先生も思ったんだけど…」**

　このように投げかけるのです。

　すると，子どもたちから「なぜ，たし算ではないと言えるのか」という論理が出されていきます。

　ここを丁寧に扱うことが，この後の「逆転場面」を考え

るうえでの絶対条件になります。「なぜこの場面がたし算ではないのか」という理由が明確に見えていない限り，その後の，ひき算とたし算を意識的に区別した問題づくりをすることは不可能だからです。

## ❷誤答が授業の主役になる

　「なぜ13＋9ではないのか」を明確にできたところで，続いて次のように子どもたちに投げかけます。

　「では，この問題が13＋9でないのなら，13＋9の式になるような問題って，どんな場面なのかな？」

　このように，「13＋9」が正しい式となる問題場面について考える場をつくっていくのです。

　「ケーキが13個あります。後から9個もらいました。全部でいくつになったでしょう」といったように，多くの子どもは，「ケーキをもらう場面」で考えるでしょう。

　でも，中には「自転車が13台ありました。そこに後から9台来ました…」といったように，まったく違う場面で考える子どもも出てきます。

　このような，子どもたちが考え出した多様な「13＋9」の場面を，黒板上に位置づけていきます。

　こうすれば，ひき算の学習をしながらたし算の復習をすることができるだけではなく，**たし算とひき算は何が違うのかといった，本質的な概念の違いを捉えることにもつながっていく**のです。

ケーキを9個食べるってことは，13個の中から9個取るってことだよ。もし，たし算なら，9個を13個にくっつけるはず。

では，13＋9の式になる場合の問題って，どんなお話になるの？

ケーキが13個あります。後から9個もらいました…

こうした学びのプロセスで，はじめは間違いとされた「13＋9」という式が授業後半の主役になっていきます。

自分が立てた「13＋9」という式の問題場面について学級のみんなが考えているのですから，この式を出した子も，自分が今日の授業の主役になった感覚をもつでしょう。子どもにとって，これは，正解すること以上に価値を感じる出来事として心に刻まれていきます。

こうした経験が，たとえ「間違えているかもしれない」と思うような場面であっても，みんなの前で自分の考えを発表してみようという気持ちをはぐくんでいくのです。

「間違いを大切にする」「授業中に間違えてもいい」といった言葉だけでは子どもには通用しません。**その価値を実感できる授業を展開する手立てを教師が確かにもっていてはじめて，子どもの価値観も変わっていく**のです。

まとめがマンネリ化し，学び
を振り返る場として機能して
いません…

　1時間の学びを振り返ったり，学習したことの価値を実感したりすることができる「まとめ」になるようにと，大切なことを子どもたちと確認しながら，整理するようにしています。

　しかし，最近では，そんな活動もすっかりマンネリ化してしまい，子どもたちは黒板に書かれたまとめをノートにただ書き写しているだけです。

　どうすれば，子どもが大切な学びの足跡をしっかりと振り返り，学びに生かしていける「まとめ」にすることができるのでしょうか？

「まとめ議論」を取り入れてみよう！

# 1 まとめの場を機能させるカギ

## ❶大切なことを「大切だ」と感じるのはだれか

まとめには，それまでの学びを振り返り，大切なことを整理するという役割があります。

ただ，ここで考えていただきたいのは，そのまとめの中身を「大切だ」と感じるのはだれかということです。

当然，それは教師ではなく，子どものはずです。

ですから，教師が「大切だ」と思うことを黒板に書き，子どもはそれをノートに書き写すだけでは，まとめとしては不十分です。

これでは，**教師の一方的な価値の押しつけにしかならず，子どもはその価値を実感することができないから**です。

つまり，子ども自身が大切なことを「大切だ」と思えるような場をつくることこそがまとめの必要条件だと言える

のです。

## ❷学びを振り返る必要感を生む

そこで，だれもが必要感をもって1時間の学びを振り返ることができるように，「まとめ議論」を取り入れていくのです。

「まとめ議論」とは，まとめについて全体で話し合いを行うというものです。話し合う中身は，**「今日の学びの中で何が一番大切だったか」**です。

先に述べておきますが，この手立ての目的は，最終的に何が大切かを1つに決めることではありません。子どもたち一人ひとりに，**学びを振り返る必要感を生み出すために，「何が一番か」について考える場を設定している**のです。

子どもたちは，「こっちの方が一番だと思う。だって…」と考える過程で，必然的にその時間の学習の大切だと思われることをひと通り振り返ることになります。

これこそが，まとめの場を機能させるための大きなカギ

となるのです。


# 2 「まとめ議論」で何が大切かに気づく

........................................

❶個々に，大切だと思うことを書き出す

　第４学年「式と計算」，「99×４」を工夫して計算する方法について考える学習を例にご説明します。

　この授業の終盤に位置づけた「まとめ」の場では，

　「今日の学習で，一番大切だと思ったところはどこかな？　自分がここだと思うことをノートに書いてごらん」と全体に投げかけ，それぞれが大切だと思ったことをノートに書く時間を位置づけました。

　このとき子どもたちが書いたのは，大きく分けて次の３つです。

---

①99は100－１と見ることができる

②（　　）を使って計算すると便利

③すっきりする数に置き換えて考える

---

　ここで，この中の「どれが一番大切か」について，子どもたちに話し合わせてみるのです。

## ❷つながりを意識する

どれが今日の学習で一番大切なことかな？

99を100－1と見たから，計算が簡単になったよ。だから，これが一番大切なんじゃない？

でも，それは（　）を使えるから式に表せるでしょ？　だから，（　）が大切なんだと思う。

（　）は式で使うただの記号だから，「置き換える」って考え方自体が一番大切だと思う。

　子どもたちから出された３つの意見は，どれも同じ次元でないにせよ，一つひとつ大切なことばかりです。

　しかも，これらは**個々に別のことを言っているのではなく，すべてつながっていること**です。

　③の「すっきりした数に置き換えて考える」というのは，大切な数学的な見方・考え方です。

　それを具体的にこの場面に用いた結果が，99から100－1への置き換え（①）です。

　また，こうした考え方を使う場合には，式表現の技能として（　）を使いこなせなくてはなりません。これは，②の内容です。

このように，これらは別の話ではなく，すべてつながっているのです。

　ですから，子どもから出てくる意見一つひとつをバラバラに扱うのではなく，その「つながり」を意識して教師は整理していくとよいでしょう。

なるほど。100のように，すっきりする数に置き換えると計算しやすいから99を100－1と見たんだね。そして，これを式に表すには（　）が重要だということなんだね。

　結果的に，この時間における大切なことは，上記のように1つに整理されていきました。

　「何が一番大切か」を考える場を通して，すっきりした数に置き換えて考えることの大切さが浮き彫りになり，それが具体的な場面と結びついた形で，子どもの中で理解されていったのです。

　「まとめ議論」の場とは，こうした学びの本質につながる有効な手立てとなり得るのです。

# Q

どうすれば，学んだことをしっかりと整理，定着させられる「まとめ」になりますか？

　学習したことを整理するのが「まとめ」の大切な役割の1つだと考えています。そこで，1時間の学習の中でも，単元全体を通しても，「まとめ」を大切に位置づけて授業を行っています。

　しかし，子どもたちの様子を見ていると，学んだことが頭の中で整理しきれていないのか，何が大切なことだったのかわからなくなり，混乱している姿が見受けられます。

　どうすれば，学びをしっかりと整理し，学習内容に対する理解をより深めさせていくことができるような「まとめ」にすることができるのでしょうか？

まとめの「更新」を
意識してみよう！

A

# 1 まとめを「更新」するとは

### ❶まとめを見つめ直す新たな視点

　まとめの場が，それまでの授業のプロセスを振り返ったり，学習内容を整理したりする場になることで，子どもは理解を深め，学びをしっかりと定着させていくことができます。

　一方で，そうした場が機能していないと，子どもは混乱し，学習内容を十分に理解できなくなります。

　もちろん，学んだことすべてをその時間に全員が理解していくのは難しいことですし，そうする必要もありません。

　算数では，例えば「わり算」や「割合」の概念に代表されるように，単元や数年間の学習を通してじっくりと理解していく必要がある内容が多々あるからです。

　とはいえ，子どもを必要以上に混乱させたり，不安にさ

せたりしないようにすることや，学びが積み上がっている
ことを子どもが実感できるようにしていくことは大切です。

　そのためにも，まとめを考える際に，「更新」という新
たな視点を取り入れ，そのあり方を見つめ直していく必要
があります。


**❷たし算の概念を更新する**

　この「更新」とは，**古いものを上書きし，新しいかたち
へとアップグレードしていくこと**を意味します。

　このような視点を，まとめに取り入れていくのです。


　第１学年の「たし算」の学習を例に考えてみます。

　教科書会社によって扱う順番は異なりますが，「たし算」
は，大きく「増加（増えるといくつ）」「合併（合わせてい
くつ）」の２つで学習が構成されています。

　「増加」から先に扱うと，「はじめにあった数に，後から
数が加わる場合をたし算というんだ」といったように，子
どもは「たし算」の概念を捉えていきます。ですから，ま
とめも上記のような言葉でたし算について整理されていく
わけです。

　しかし，その後に「合併」の学習をすると，「同時に２
つの数を合わせる場合もたし算である」ことが見えてきま
す。

　ここで，「更新」の視点を取り入れていくのです。

　まず，**前の学習の「たし算」についてのまとめを確認し**

ます。そのうえで，今日の学習によって明らかになった
「後から数が加わる場合だけをたし算と言うわけではない」
「とにかく，数量が合わさる場合はたし算と捉えられる」
ということを全体で共有していくのです。

　つまり，**はじめに形成した「たし算」の概念の一部を修正していくかたちでまとめをする**のです。

　このように，「更新」の視点をまとめに取り入れていくことは，これまでの学びと新たな学びが強く結びつき，子どもの理解が大きく深まっていくことにつながります。

　それぞれの知識が分離したままではなく，**関係性や結びつきが子どもの中で整理されていくことで，知識の定着がより確かなものになっていく**のです。

# 2　1時間の中で何度もまとめを更新する

❶早い段階で一度まとめをする

　まとめの更新は1時間の中で何度も行う場合があります。

　第3学年「分数」の学習を例に考えてみましょう。

　この授業では，三角形や四角形を半分にする方法について考えました。三角形を扱った際に子どもからは「真ん中で折ればいい」「折ってぴったり重なれば$\frac{1}{2}$と言える」といった意見が出されました。

そこで，この段階で一度，「折ってぴったり重なる場合を，元の形に対する$\frac{1}{2}$」として，「$\frac{1}{2}$に対する見方」をまとめていきました。

### ❷振り返りながらまとめを更新する

次に，下のような長方形を提示したところ，様々な$\frac{1}{2}$に対する見方が子どもたちから出てきました。

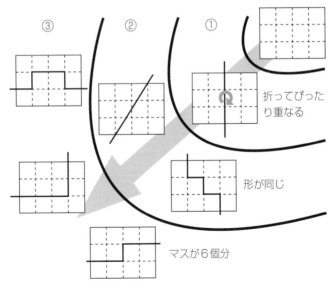

ここでは，子どもたちから出てきた意見を基に$\frac{1}{2}$の形に

対する見方のまとめを，その都度更新しながら整理してい

きました。

　①折ってぴったり重なる

　②形が同じ

　③□（正方形のマス）が6個分

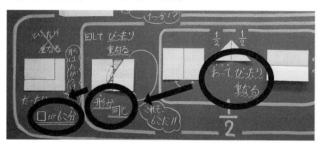

　更新しながらまとめをしていくときには，必ずそれまで

のまとめを振り返りながら行っていくことが大切です。

　「さっきまでは，折ってぴったり重なる場合が$\frac{1}{2}$と見て

いたね。でも，折らずに回転してぴったり重なる場合も出

てきたから，『形が同じ』ものが$\frac{1}{2}$だということなんだね」

　このように，子どもから出てきた考え方を受け止めなが

ら，その都度まとめを更新していくことが大切なのです。

ノート

Q

どうすれば，子どもが自分の
学びを見つめ直すノートにす
ることができますか？

　丁寧にノートをまとめている子どもはたくさんいるので
すが，その内容は板書の丸写しが中心です。

　ノートを書くことが，自分が学んできたプロセスを振り
返ることにもつながればと考えているのですが，ほとんど
の子にとってはそうなっていないようです。

　自分の考えを表現したり，わかったことを整理したりす
るだけではなく，書くことによって1時間の学びの価値を
実感できるようなノートづくりの方法はないかと考えてい
ます。

　どうすれば，子ども一人ひとりにとって自分の学びを見
つめ直すノートにすることができるのでしょうか？

「心の声」を書かせて，メタ認知に活用させよう！

**A**

# 1 自分の「心の声」に目を向ける

## ❶ノートの役割

　ノートの役割とは，自分の考えを書いたり，学習した内容を整理したりすることを通して，表現する力やまとめる力を高め，理解を深めていくことです。

　ここでは，それらとは別に，「子どもが自分自身の学んできたプロセスを振り返り，その価値を実感する」ためのノートの役割について考えていきたいと思います。

　授業というのは，常に動いているものです。ですから，その瞬間その瞬間に思ったことや考えたことや，感動的な発見があっても，授業が進む中で次第にその印象が薄れていきがちです。

　そこで，そういったことを避けるためにノートを活用す

るのです。ノートづくりを通して，そのときそのときの気づきや心の動きを意識できるようにし，それを後に自分で振り返ることができるようにしていくのです。

## ❷「心の声」を表現する場をつくる

　図工や音楽の学習では，「どんなふうに感じたか」や「どんなことを思ったか」について，子どもにたくさん問いかけることがあるのではないでしょうか。また，カードの中にそうした思いを書き込ませることもあるでしょう。

　一方，算数ではどうでしょうか。どちらかというと，「なぜ？」「どうして？」と論理を追い求めることが中心になり，そうした「思い」を表現する機会は少ないのではないでしょうか。

　しかし，**実は算数においても「どう感じたか」「どう思ったか」というのは，自分の学びの過程に目を向けるためにはとても大切なこと**です。

　ですから，授業の中で「どう思ったか」について表現する場を積極的に位置づけていくのです。私は，こうした自分の感じ方や思いを言葉で表現したもののことを「心の声」と呼んでいます。

　こうした自分自身の「心の声」に目を向けることは，自分自身を振り返ること，メタ認知することにつながっていきます。

# 2 「心の声」を学びの振り返りに生かす

### ❶「心の声」を吹き出しでノートに書き込む

　「心の声」を表現し，残していく際にとても役立つのがノートです。ノートの中に，自分の中で生まれた「心の声」を積極的に表現させていくのです。

　私はよく，吹き出しで書かせます。自分の考え方を書いているとき，友だちの考え方をノートに書き写しているとき，そのときそのときに感じたことや思ったこと，気づいたことを，その場所に吹き出しで書き込んでいくのです。

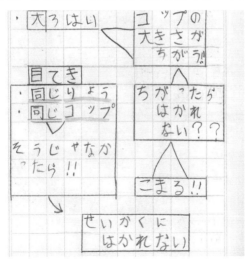

2年「水のかさ」の学習ノート

　「このままでは計算できない…。なんとか整数にできないかなぁ」「なるほど，そういう方法もあったか！」「これ

は一番便利な方法だなぁ」「この考え方は分数の場合でも使えるのかな？」

　子どもの「心の声」の中には，問いや気づきなど，一人ひとりの見方・考え方が反映されたとても大切な要素が多く含まれています。ですから，それらをノートに書き込んでおくことで，授業の流れの中で忘れられてしまわないようにするのです。

❷「心の声」が学びの足跡になる

　「心の声」をその都度ノートに書き残していけば，それは，自分自身の学びの足跡として残ることとなります。

　授業の終わりにノートを読み返せば，その学びの足跡を振り返ることにもつながっていくのです。

　方法や考えた結果だけが書かれているノートでは，「自分がどのように学んできたのか」を十分に見つめ直すことはできません。

　吹き出しには，方法や結果が導き出されてきた過程で自分が感じたこと，思ったこと，考えたことが書かれています。ですから，方法や結果とともに吹き出しを見ていくことで，その１時間に自分がどのように学んできたのかを，ひと目で捉えることができるのです。

　こうした方法は，もちろん，**発達段階に応じて取り入れていく必要があります**。

　低学年であれば，単元の中で１時間だけでも，

　「今，友だちの考えを聞いて思ったことを吹き出しで書

いてみよう」

「『えっ』と言った人がいたね。なぜ，『えっ』と思った
のか，吹き出しでノートに書き込んでごらん」
などと，声をかけるとよいでしょう。

えっ，なんで!?

今，『えっ』と声を上げた人がいたね。なぜ
『えっ』と思ったのか吹き出しで書いてごらん。

〇〇さんは答えが2通り
あるって言ってたけれど，
なんで2通りもあるって
考えたんだろう…

　そのうち，教師から声かけされずとも吹き出しを書き込
む子どもが現れます。そうした姿を価値づけていけば，低
学年であっても，ノートに思いや気づきを書き込む姿が少
しずつ学級に広がっていくのです。

Q

小集団での追究場面で，ノートがまったく活用されることがありません…

　　自分の考えを表現したり，友だちの考えを整理したりすることにノートを活用する力は，どの子も少しずつ身についてきているようです。

　　ただ，他者と小集団で協働的に追究する場面になると，友だちの考えを写すこと以外にはノートが活用されることがほとんどありません。

　　友だちと話し合い，考える場面においてもノートが有効に活用され，追究がより深まっていくような方法はないものかと考えています。

　　どうすれば，他者と共に学びを深めていくことに，ノートを有効に活用させることができるのでしょうか？

「思考の集積場」と
して，ノートを活用
させてみよう！

# 1 ノートを集団で使う

## ❶ノートの新しい活用法

　ノートは，基本的には自分の考えを書き込んだり，授業
の中で大切だなと思った友だちの考えなどを写したりする
ことに使われます。つまり，あくまで個人で活用されるも
のだということです。

　もちろん，ノートに書いた自分の考えを基に話し合った
り，友だちとそのノートを交換して互いの考え方を知るの
に使ったりすることはあります。

　しかし，他者との協働的な学びの過程で，直接ノートを
活用するといった場面はあまりないのではないでしょうか。

　そこで，ここではノートの新しい活用の方向性として，
そうした他者との協働的な学びでの活用法をご紹介したい
と思います。

## ❷思考の集積場

　その１つが，ノートを「思考の集積場」にするという方法です。

　この手立ては，他者と共にノートを使うこと自体が目的ではありません。

　ノートの活用によって追究を促進させ，学びをより深めていくことができるようにすることが目的であることを，はじめに確認しておきたいと思います。


　「思考の集積場」としてのノート活用とは，<u>１つのノートを複数人が共有し，そこにそれぞれが考えたことを書き込んでいく</u>というものです。

　普段であれば，まずは個人で考えたことをノートに書き込み，それを基に全体交流…といった流れの授業展開が多いのではないかと思います。

　しかし，この場合のノートの使い方は，はじめから複数

人で１つのノートに自分の考えを書き込み，対話を重ねながら追究を進めていくというものなのです。

# 2 「思考の集積場」の実際

## ❶考えることと伝えることを同時進行で行う

こうしたノートの活用方法は，どんな学習場面でも有効なわけではありません。

小集団で探究的に活動したり，何かをつくり上げたりするような場合に取り入れることをおすすめします。

はじめはペアで行うとよいでしょう。１冊のノートを共有して活動を進めるため，最大で４人くらいまでが適切です。

下の例は，３×４のマスで構成された長方形の中に四角形がいくつ存在するのかを考えるペア学習で使用されたノートです。

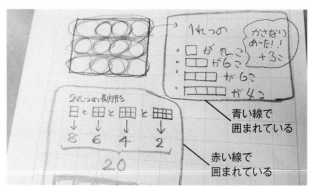

四角形の数え方や，その結果の整理の仕方などを話し合い，それぞれが考えたことをノートに書き込みながら追究したものです。

　この方法のメリットは，複数人が同時に１つのノートに書き込んでいくことにより，お互いの考えを共有しながら思考を進めることができることです。

　小集団の追究の過程において，**考えることと伝えることが同時進行で行えることに大きなメリットがある**というわけです。

　こうしてでき上がったノートには，そこに参加していた全員の思考の足跡が集まることとなります。これこそがまさに，「思考の集積場」なのです。


## ❷全員のノートに「思考の集積場」を残す

　この方法では，だれか一人のノートを使用することになります。ですから，でき上がった「思考の集積場」は，一人のノートにしか残りません。

　だからといって，これを全員が自分のノートに書き写すとなると大変な時間がかかるのは目に見えています。

　こういった場合には，そのノートを人数分コピーして子どもに渡し，それぞれのノートに貼れるようにするとよいでしょう。

　このようにすれば，**だれのノートにもみんなで思考した大切な足跡を残すことができる**のです。

❸「思考の集積場」を評価する

　一方で，こうした小集団での協働的な学びでは，子ども一人ひとりがその過程でどのように考えていたのかを教師が見取ることは難しくなります。

　個々人のノートに考えが残されている場合とは違い，**それぞれの考えが「思考の集積場」に集約されてしまっているために，その中に埋もれてしまう**のです。

　これでは，子ども一人ひとりが考えてきたプロセスを評価することは難しくなります。

　そこで，こういった場合には，色鉛筆を使わせます。**自分が書いた考え方を，色鉛筆で囲ませる**のです。

　このとき，一人ひとりが使用する鉛筆の色が重ならないようにすることで，後から見てもだれが何を書いたのかがわかるというわけです（p.143の写真参照）。

　こうすれば，だれがどんな考え方をしたのかをある程度把握することができます。また，書き込みの少ない子どもにどう関わっていくべきかを考えることもできます。

ノート

黒板を使っているのは教師ばかりで，子どもは十分に活用していません…

　子どもたちの学びの足跡が残るように，学習した内容がわかりやすいようにと，できるだけ丁寧に板書をするように心がけて日々の授業を行っています。

　ただ，黒板を活用しているのはいつも教師ばかりで，子どもがそれを十分に学びに生かせているのかと言われると，そうはなっていません。

　もっと子どもたちが黒板を有効に活用して学ぶことができれば…と考えているのですが，その方法が思いつきません。

　どうすれば，子どもたち自身が黒板を学びに生かしていくような授業をつくり上げていくことができるのでしょうか？

黒板は「学級のノート」と考え，思い切って子どもに任せて書かせてみよう！

# 1 板書の機能を最大限発揮するには

## ❶板書の良し悪しは見た目だけでは判断できない

　一般的に，「美しく整理された板書」はよいと評価されることが多いと思います。構造的に整理された板書であれば，その時間の学びを子どもが捉えることにプラスに働くことは十分に考えられます。

　ただ，それだけで板書の良し悪しを決めることはできません。

　結局は，その板書が子どもの学びに生かされていたかどうかが最も大切な基準なわけです。ですから，極論で言えば，多少見栄えが悪くとも子どもの学びに十分寄与したものであったなら，それはよい板書だったと言えるのです。

　逆に，どんなに美しく構造的な板書であっても，教師が子どもと向き合わずにひたすら板書案通りに書いたもので

あれば，それはすでに板書としての機能を失っていると言えます。

## ❷考える場所，表現する場所

では，子どもの学びに板書が生かされるというのは，どういった授業を指すのでしょうか。

それは，**考えたり表現したりすることに，子ども自らが黒板を活用している姿がある授業**です。

そういった姿が見られる学級では，黒板に書くこと自体を子どもが躊躇しません。自分の意見を伝えようと前に出てきたかと思うと，説明しながら黒板に図や式などを書き始めます。そうして，言葉だけでなく，図や式などの視覚的な情報とともに自分の考えを表現していくのです。

もちろん，子どもの意見を取り上げ，それを教師が整理するために使うことも板書の1つの大切な機能です。

ただ，これだけでは黒板は「整理する」ための道具でしかありません。

この例のように，**子ども自身が「考える」場所，自分の思いを「表現する」場所として黒板を活用することで，その機能は最大限に発揮されていく**のです。


# 2　子どもが黒板を活用して学びを進める

❶黒板は「学級のノート」

　このように考えると，黒板とは，「学級のノート」のようなものだと考えることができます。

　みんなで考えていることを表現し合い，それを整理していく場所だということです。

　ですから，板書の機能を最大限に発揮させるためには，板書を思い切って子どもたちに委ね，黒板を自由に使わせる場面を積極的につくっていく必要があります。

　もちろん，こうしたやり方をするには，教師側にもある程度の覚悟が必要です。想定とはまったく違った板書が出来上がっていく可能性がありますし，見た目の美しさも教師だけがつくる場合に比べて劣ることになるからです。

　それでも，私は子どもにたくさん書かせることを推奨します。たとえ低学年であっても，黒板に自分の考えをどんどん書かせていくのです。

　恐らくはじめは，何も言わなければ子どもたちは自分から黒板に何かを書こうとはしません。それは，これまでに「黒板は教師が書くものだ」という固定観念ができ上がっ

ているからです。

　そこで，子どもが自分の考えを言葉で説明しているとき，**「言葉だけで説明されても先生はちょっとよくわかんなくなっちゃうなぁ…。つまりどういうことなのか，黒板に書いてくれる？」**
と伝えるのです。

　こうして，少しずつでも黒板に書いて説明することを学級の風土としてつくり上げていきます。


**❷書きながら話す**

　黒板に自分の考えを表現させるときに大切な指導ポイントが１つあります。

　それは，**「書いてから話す」ではなく，「書きながら話す」ことの指導**です。

　私の経験上，「黒板に書いてごらん」とはじめて子どもに伝えると，ほとんどの場合，ひたすら黙って黒板に図や式などを書き続けます。そして，すべてを書き終えると，今度は一気に口頭で説明し続けるのです。

　これでは，書いた内容と説明内容がリアルタイムでリンクせず，せっかくの板書が十分に生かされません。話したことと書いたことがきちんとつながって，はじめて聞き手にとってわかりやすい説明となるのです。

　そこで，子どもに板書をさせる際，**「少し書いては一度手を止め，そこまでの説明をする。また少し書いては少し説明する…ということを繰り返す」**ことを指導します。

知りたい角度は180度よりも大きいから，その180度よりもはみ出している角度だけを分度器を使って測って…

言葉だけだとちょっとよくわからないから，黒板に書いてくれるかな？

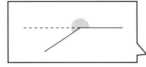

ちょっとストップ。ここまでまず説明してみて。続きも，「ちょっと書いてはそこまでについて話す」を繰り返して説明してみよう。

　こうした指導を継続していると，次第に黒板に書くのと同時進行で説明することができる子どもが現れてきます。一見，とても高度なことをさせているように思えますが，低学年であっても経験を積めば十分にできることです。裏返せば，それだけ私たち教師は，これまで子どもに「黒板に書きながら説明する」経験をさせてこなかったということです。

　低学年であろうと高学年であろうと，黒板を活用しながら説明することを当たり前に繰り返していれば，こうした姿は学級全体に広がっていくのです。

1時間の中で何が大切なこと
だったのかがはっきりしない
板書になってしまいます…

　チョークの色を変えたり，枠で囲んだりするなどの工夫
をすることで，1時間の学びの中で大切なことができるだ
け子どもたちに伝わりやすい板書にしようと心がけていま
す。

　ところが，色が多過ぎて見づらかったり，矢印や四角で
囲んであるところばかりになってしまったりして，結局ど
こが大切なのかが捉えにくい板書ができ上がってしまいま
す。

　どうすれば，その1時間の学びの中で大切だったことが，
子どもたちの印象に残るような板書をつくることができる
のでしょうか？

「見方・考え方」を
ピックアップして書
いてみよう！

# 1 板書の中で強調したい情報とは

## ❶情報過多でカラフルな板書の弊害

　板書の細かなスキルとしては，どんな情報にどの色のチョークを使うとか，文字の大きさを変えるとか，囲みや矢印を使うとか，様々なものがあるでしょう。

　しかし，どんなにビジュアル的に美しいものが仕上がったとしても，結局どれが大切な情報なのかが伝わらない板書になってしまっては意味がありません。

　板書の話ではありませんが，私はよく，カラフルな広告や飲食店のメニュー表を見るたびに視界がチラついて，うまく情報を読み取れなくなることがあります。多色で強調された文字情報や写真などが多すぎるせいか，結局どれが重要な情報なのかがよくわからなくなってしまうのです。

　こうした状況は，板書においても同様のことが言えるの

です。

　つまり，カラフルで情報過多の板書が，どの子にとってもわかりやすいとは限らないということです。

　何でもかんでも強調して書けばよいというものではありません。**ここぞという大切な情報を絞り込む**ことこそが，板書のスキルとしてとても大切なことなのです。

## ❷「数学的な見方・考え方」を強調する

　算数の学習の中で何を最も強調して板書すべきかと問われたとき，私は迷わず「数学的な見方・考え方」だと答えています。

　**子どもの多くは，自分が働かせている数学的な見方・考え方を自身では意識できていない**ものです。

　ですから，これを板書することは，自分がどんな数学的な見方・考え方を働かせて問題にアプローチしてきたのかを，子どもたち自身に自覚させることにもつながるのです。

　こうした板書を繰り返していけば，まったくの別の単元の学習内容であったとしても，同じ数学的な見方・考え方を働かせている場合があることに気づく子どもが出てきます。

　このような気づきは，**数学的な見方・考え方は，学習の内容に依存するものではなく，様々な場面で汎用的に活用されるものだ**という理解にもつながっていきます。

# 2 どのように強調するか

**❶方法の中から数学的な見方・考え方を取り出す**

では，数学的な見方・考え方は，板書上でどのように強調していけばよいのでしょうか。

そもそも数学的な見方・考え方は，多くの場合，子どもからわかりやすい状態では表出しません。そのほとんどは，**子どもの説明の「方法」の裏側に隠れて出てくる**のです。

第5学年の「分数のたし算とひき算」で，$\frac{2}{3}$と$\frac{3}{4}$の大きさを比較する学習を例に考えてみます。ここでは，通分をすることで異分母分数の大きさが比較しやすくなることを学びます。

しかし，通分自体は単なる「方法」であり，数学的な見方・考え方そのものではありません。数学的な見方・考え方とは，$\frac{2}{3}$と$\frac{3}{4}$ではそれぞれの単位（単位分数）が違うことに目をつけ，その単位をそろえて考えを進めていくプロセスそのものです。

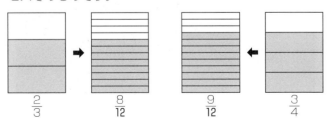

つまり，この「単位に着目し，それをそろえて考える」という数学的な見方・考え方こそ，板書で最も強調したいことなのです。

## ❷板書と授業はつながっている

　しかし，子どもたちの多くは，放っておいても方法しか説明してくれません。ですから，ここで教師が適切に関わり，数学的な見方・考え方を方法の中から取り出していく必要があるのです。

　「○○君は，どうして分母をそろえようと考えたのかな？　みんなはその気持ちがわかる？」

　このように，「なぜ，その方法でアプローチしようと考えたのか」について，発言者だけでなく，学級全員で考える時間を位置づけていくのです。

　そして，子どもから引き出した数学的な見方・考え方を，板書の中に強調して位置づけていくのです。

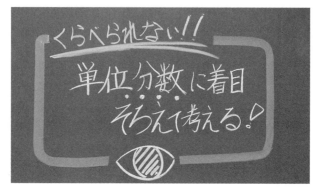

　私は，いつも上のように目のマークをつけて板書してい

ます。

　どのように強調するかといった形式は，先生方それぞれのオリジナルで構わないと思います。ただ，**一貫した形式で毎時間強調していくことで，子どもの中にもしっかりと意識づけられるようにしていくことが大切**です。

　当たり前の話ではありますが，板書は授業の中身と強くリンクしているわけです。

　ですから，数学的な見方・考え方を強調したいと考えれば，授業の中で数学的な見方・考え方を子どもから十分に引き出していくことが前提になります。

　つまり，板書で何を大切にするかが変われば，授業自体も大きく変わっていくということなのです。

板書

**【著者紹介】**

瀧ヶ平　悠史（たきがひら　ゆうし）

1980年千葉県流山市生まれ。

北海道教育大学札幌校卒業。札幌市立西小学校，札幌市立日新小学校を経て北海道教育大学附属札幌小学校に勤務。

著書に『「見方・考え方」を働かせる算数授業―領域を貫く10の数学的な見方・考え方の提案―』（東洋館出版社，2018，編著），『「対話」で学ぶ算数授業 学級全員で学び合うための15のポイントと35のアイデア』（明治図書，2018年，単著），『14のしかけでつくる「深い学び」の算数授業』（東洋館出版社，2017，単著）他多数

写真提供協力：㈱491アヴァン札幌

「教師の関わり方」がより深くわかる

算数授業スキルQ&A　アドバンス

2021年2月初版第1刷刊　Ⓒ著　者　瀧　ヶ　平　　悠　　史
　　　　　　　　　　発行者　藤　　原　　光　　政
　　　　　　　　　　発行所　明治図書出版株式会社
　　　　　　　　　　　　http://www.meijitosho.co.jp
　　　　　　　　　（企画）矢口郁雄（校正）大内奈々子
　　　〒114-0023　　東京都北区滝野川7-46-1
　　　振替00160-5-151318　電話03(5907)6701
　　　　　　　　　　ご注文窓口　電話03(5907)6668

＊検印省略　　　　　組版所　藤　原　印　刷　株　式　会　社

本書の無断コピーは，著作権・出版権にふれます。ご注意ください。

Printed in Japan　　　　ISBN978-4-18-339511 5
もれなくクーポンがもらえる！読者アンケートはこちらから
→

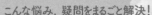